# Das Vertrauensschutz-Prinzip

Zugleich eine notwendige Besinnung
auf die Grundlagen unserer Rechtsordnung

Eine Studie

von

**Karl-Heinz Lenz**

Berlin 1968

**Walter de Gruyter & Co.**

vormals G. J. Göschen'sche Verlagshandlung — J. Guttentag, Verlagsbuchhandlung
Georg Reimer — Karl J. Trübner — Veit & Comp.

Archiv-Nr. 27 56 68 1
Satz: Walter de Gruyter & Co., Berlin 30
Druck: W. Hildebrand OHG. Berlin 65

# *Vorwort*

Wenn ich diese kleine Schrift der Öffentlichkeit und damit der Kritik vorlege, so geschieht dies, um ein Rechtsprinzip sichtbar zu machen, das unserer gesamten Rechtsordnung immanent ist und das ich das Vertrauensschutz-Prinzip nennen möchte.

Ortega y Gasset hat zu Recht darauf hingewiesen, daß der innere Fortgang der Wissenschaften von Zeit zu Zeit eine Neufundierung zum Ausgleich ihrer inneren Widersprüche nötig habe (1). Und Leibniz hat gesagt, daß die Wissenschaften fortschreiten, indem sie sich vereinfachen. Für das begünstigende Verhalten, für eines der wenigen Urphänomene (2) unserer Rechtsordnung soll diese Vereinfachung und Neufundierung hier versucht werden.

Ein akuter Anlaß kommt hinzu. Obwohl der Bundesminister des Innern Ende 1963 den Entwurf eines Verwaltungsverfahrensgesetzes vorgelegt und obwohl das Land Schleswig-Holstein diesen Entwurf, soweit er hier interessiert, im Frühjahr 1967 als Gesetz verabschiedet hat (3), will die Diskussion um das Problem der Rücknahme begünstigender Verwaltungsakte nicht zur Ruhe kommen. Es ist daher zu befürchten, daß die Verwirrung, die in der Frage ohnehin groß genug ist, noch größer wird, würde der Entwurf auch im Bund und den anderen Bundesländern Gesetz werden. So soll diese kleine Schrift auch zur Klärung dieser Problematik beitragen.

Darum gehen auch die Untersuchungen, die ihren Gegenstand bilden, von dieser Problematik aus. Die erstrebte Klärung setzt aber das Hinübergreifen in das Privatrecht und somit jene Neufundierung voraus, von der eingangs die Rede war. Der Weg dorthin ist ungewohnt und steinig.

Ob unter diesen Umständen alle Leser geneigt sein werden, bis zum Schluß zu folgen, um sich erst dann auf eine sachliche Auseinandersetzung einzulassen, kann ich nicht wissen. Hierin liegt ein Handikap dieser Schrift, in der das Ganze von Einzelnen, aber auch das Einzelne vom Ganzen her verstanden werden möchte. Ich hoffe aber, daß die Leser, die sich nicht vorzeitig entmutigen lassen, ihre Mühe nicht verschwendet haben werden. Sie werden, wenn ich recht sehe, schließlich das de lege lata geltende Vertrauensschutz-Prinzip in der Hand halten, das zunächst die Verwirkungs-, dann die erwähnte Rücknahme- und vielleicht sogar die Irrtumsproblematik in neuem Licht erscheinen lassen wird.

All meinen Kollegen und Mitarbeitern, die mir Mut gemacht und mir durch Rat und Tat geholfen haben, möchte ich an dieser Stelle danken. Nur zu oft habe ich ihre Geduld auf eine harte Probe gestellt. Besonderen Dank schulde ich dem Regierungsdirektor Dr. Rudolf Stich. Seiner Mainzer Dissertation aus dem Jahre 1954 konnte ich wertvolle Hinweise entnehmen.

Berlin, den 19. März 1968

*Karl-Heinz Lenz*

*Inhaltsverzeichnis*

# I.

## *Das Problem der Rücknahme fehlerhafter begünstigender Verwaltungsakte und seine Entwicklungsgeschichte*

Die Problematik der Rücknahme begünstigender Verwaltungsakte, die von Anfang an fehlerhaft sind, erwächst in allen Bereichen der Verwaltung aus demselben Grundtatbestand. In Fällen, in denen einem Bürger unter Verstoß gegen das Gesetz durch einen Verwaltungsakt Vorteile gewährt worden sind, steht die Behörde vor der Frage, ob sie den Verwaltungsakt zurücknehmen darf und vielleicht sogar muß oder nicht (4).

Die Frage ist nicht neu. Sie ergab sich bereits Ende des vorigen Jahrhunderts mit dem Erlaß der Sozialversicherungsgesetze (5). Diese Gesetze enthielten nur Vorschriften über die Aufhebung oder Änderung von Bescheiden wegen nachträglicher Veränderung der Sachlage (6). So fragte man alsbald, ob die Versicherungsträger auch einen von Anfang an fehlerhaften Rentenbescheid zuungunsten des Versicherten aufheben oder ändern dürfen. Das Reichsversicherungsamt hat dies in ständiger Spruchpraxis verneint und dem Rentenbescheid eine der Rechtskraft gerichtlicher Urteile gleichstehende Bestandskraft zuerkannt (7).

Dieser Auffassung folgte auch die Reichsversicherungsordnung vom 5. 7. 1911 (8). Danach können Bescheide der Versicherungsträger wegen anfänglicher Fehlerhaftigkeit zuungunsten des Versicherten nur beim Vorliegen bestimmter Wiederaufnahmegründe abgeändert werden. Der Verwaltungsakt steht also einem Gerichtsurteil gleich (9).

Wir wollen diese Art und Weise, die eingangs gestellte Frage zu beantworten, den formell-rechtlichen Lösungsweg nennen. Diese Bezeichnung wählen wir deshalb, weil die Bestandskraft jede Diskussion über die materielle Rechtslage abschneidet und auf materielle Gerechtigkeit zugunsten der formellen bewußt verzichtet wird.

Im Bereich der allgemeinen Verwaltung (10) wurde die Frage anders entschieden. Ohne hier überhaupt eine Problematik zu sehen (11), waren sich Rechtsprechung und Lehre vor dem zweiten Weltkrieg darin einig, daß rechtswidrige begünstigende Verwaltungsakte zurückzunehmen seien (12).

Diese Auffassung wurde nach dem Ende des letzten Krieges von Rechtsprechung und Lehre übernommen (13). Bald aber wurde die Frage – zunächst vereinzelt – erneut gestellt und für bestimmte Fälle anders entschieden (14). Seitdem ist in Rechtsprechung und Lehre ein stetiger und tiefgreifender Wandel der Meinungen zu beobachten.

Im Bereich der allgemeinen Verwaltung wurde er durch das wachsende Unbehagen ausgelöst, daß bei weiterhin unbeschränkter Rücknahme die Interessen des Begünstigten, die immer mehr als schutzwürdig angesehen wurden, zu kurz kommen könnten. Man hielt es mehr und mehr für unbillig, den Begünstigten, der auf den Bestand eines fehlerhaften Verwaltungsaktes vertraut und diesen vielleicht zum Ausgangspunkt seiner Dispositionen gemacht hatte, von heute auf morgen vor eine zwar dem Gesetz entsprechende, für ihn jedoch ganz neue und unerwartete Situation zu stellen, die zu meistern seine Kräfte oft übersteigen mußte.

Diese Einsicht hat insbesondere die Rechtsprechung, aber auch die Rechtslehre veranlaßt, nicht mehr einseitig die Interessen des Staates zu berücksichtigen, sondern nach einem gerechten Interessenausgleich zwischen Staat und Bürger zu suchen. Diesen Versuch, die eingangs gestellte Frage zu beantworten, wollen wir den materiell-rechtlichen Lösungsweg nennen, weil ihre Beantwortung hier von der materiellen Rechtslage abhängig gemacht wird.

Fürchtete man also im Bereich der allgemeinen Verwaltung, die Interessen des Begünstigten würden nicht genügend berücksichtigt, wenn man an der alten Auffassung festhielte, so lagen die Dinge in der Sozialverwaltung umgekehrt (15).

Das Heraufkommen des Sozialstaates und die damit immer größer werdende Bedeutung der Daseinsvorsorge durch den Staat ließen die Aufgaben der Sozialverwaltung in ungeahntem Maße wachsen. Immer mehr Leistungsbescheide wurden erlassen. Der Mangel an qualifiziertem Personal, Arbeitsüberlastung, ein oft rückwirkendes Inkrafttreten zudem komplizierter Gesetze, Zeitdruck und nicht zuletzt Fehler bei der Benutzung elektronischer Datenverarbeitungsmaschinen ließen die Zahl der fehlerhaften Verwaltungsakte unverhältnismäßig ansteigen (16). Hier entzündete sich das Unbehagen an dem Gedanken, daß die Interessen des Staates und damit der Allgemeinheit zu kurz kommen könnten, dürfte sich der Begünstigte weiterhin unbeschränkt auf die Bestandskraft eines mit der materiellen Rechtslage im Widerspruch stehenden Verwaltungsaktes berufen (17).

Wir sehen, daß beide Lösungswege ihre eigene Problematik haben. Welche Versuche sind gemacht worden, sie zu überwinden? Sind sie erfolgreich gewesen?

Betrachten wir zuerst die Problematik des materiell-rechtlichen Lösungsversuchs.

Zunächst gilt es festzuhalten, daß eine beachtliche Minderheit lange Zeit nicht anerkennen wollte, daß es eine Problematik des materiell-rechtlichen Weges gibt. Besonders Forsthoff hatte sich zum Wortführer dieser konservativen Auffassung gemacht. Sie folgerte aus dem Grundsatz der Gesetzmäßigkeit der Verwaltung, daß fehlerhafte Verwaltungsakte wieder zu beseitigen seien, anderenfalls der Rechtsstaat sich selber aufgeben würde. Daß auf diese Weise die Interessen des Begünstigten zu kurz kommen könnten, wurde geleugnet. Sie wurden unter Hinweis auf den Amtshaftungsanspruch als hinreichend geschützt angesehen (18). Dabei wurde zunächst nicht bedacht, daß es zweifelhaft ist, ob der Beamte, der einen fehlerhaften begünstigenden Verwaltungsakt erläßt, hiermit eine dem Begünstigten gegenüber obliegende Amtspflicht verletzt. Entscheidend wurde aber übersehen, daß dem Begünstigten der Nachweis des Verschuldens gerade bei komplizierten Rechtsmaterien häufig mißlingen muß. Wegen ihrer Schwächen gilt die konservative Auffassung heute als überwunden (19).

Das Bundesverwaltungsgericht indessen hat die Problematik des materiell-rechtlichen Weges erkannt. Bei dem Versuch, sie zu lösen, ist es stillschweigend von der Annahme ausgegangen, daß die Verwaltungsrechtsordnung spezielle Wertentscheidungen des Gesetzgebers vermissen läßt, die einen verständigen Ausgleich zwischen den Interessen des Staates an der Aufrechterhaltung des Grundsatzes der Gesetzmäßigkeit der Verwaltung sowie des Gleichheitsgrundsatzes einerseits und den schutzwürdigen Interessen des Begünstigten auf der anderen Seite herbeiführen.

Das Bundesverwaltungsgericht hat deshalb seit dem berühmt gewordenen Witwenpensionsurteil des Oberverwaltungsgerichts Berlin vom 14. 11. 1956 (20) in ständiger Rechtsprechung dem Grundsatz der Bindung der Verwaltung an Gesetz und Recht, der grundsätzlich für die Rücknahme spreche (21), den Vertrauensschutz des Bürgers gegenübergestellt (22). Die Verwaltung dürfe daher begünstigende Verwaltungsakte nicht unter alleiniger Berufung auf die Unvereinbarkeit mit den Vorschriften des materiellen Verwaltungsrechts zurücknehmen; das dürfe sie vielmehr nur dann, wenn im Einzelfall das öffentliche Interesse an der Beseitigung des Verwaltungsaktes das Interesse des Begünstigten am Schutze seines Vertrauens auf dessen Bestand überwiege (23).

Zunächst hatte das Bundesverwaltungsgericht die im Einzelfall vorzunehmende Interessenabwägung aus dem Grundsatz von Treu und Glauben hergeleitet (24). Später wurde das Abwägungsprinzip überwiegend der Rechtsstaatsklausel des Art. 20 des Grundgesetzes und dem Gesetzmäßigkeitsgrundsatz selbst entnommen (25). Bindung an Gesetz und Recht bedeute auch die Beachtung der allgemeinen Grundsätze des Verwaltungsrechts, wozu auch die Behandlung rechtswidriger Verwaltungsakte gehöre. Das Gesetzmäßigkeitsprinzip verwehre zwar der Verwaltung gesetzwidriges Handeln; jedoch bestünden die Rechtsfolgen derartigen gesetzwidrigen Handelns nicht in jedem Fall in der Aufhebung des gesetzwidrigen Aktes (26). Dem Rechtsstaatsgedanken sei nicht nur das Prinzip der Gesetzmäßigkeit, sondern auch das des Rechtsfriedens und der Rechtssicherheit immanent (27). Hierzu gehöre aber auch das Vertrauen des Bürgers auf den Bestand behördlicher Entscheidungen.

Die Antwort auf die Frage, ob die Behörde einen fehlerhaften begünstigenden Verwaltungsakt zurücknehmen darf, wird mithin von der Abwägung angeblich einander widerstreitender Verfassungsgrundsätze abhängig gemacht.

Mißt man diese Rechtsprechung am früheren Rechtszustand der unbeschränkten Geltung des Grundsatzes der Gesetzmäßigkeit der Verwaltung, so scheint sie prima vista beträchtliche Vorteile zu bieten. Bei näherem Hinsehen zeigen sich jedoch eine ganze Reihe von Schwächen. Sie führen schließlich zu der Frage, ob nicht die Vorteile durch ebenso große Nachteile erkauft werden müssen.

Zunächst werden Zweifel wach, ob ihr theoretischer Ausgangspunkt richtig ist. Sie meint, es gelte, einen Konflikt zwischen dem Grundsatz der Gesetzmäßigkeit der Verwaltung und dem der Rechtssicherheit zu schlichten (28). Darf aber die Gesetzmäßigkeit im Einzelfall durch die Forderung nach Rechtssicherheit verdrängt werden, wenn dadurch die Rechtssicherheit im Sinne von Vorhersehbarkeit Schaden nimmt? Ist denn Rechtssicherheit ohne Gesetzmäßigkeit zu verwirklichen? Beide Fragen gewinnen an Gewicht, wenn man die Folgen dieser Rechtsprechung betrachtet.

Dem Grundsatz von Treu und Glauben und dem Abwägungsprinzip wohnt von vornherein der Verzicht auf eine prinzipielle Lösung inne, was dazu führt, daß sich die Rechtsprechung auf einer permanenten Flucht in den Einzelfall und eine schon heute nicht mehr zu übersehende Kasuistik befindet (29). Die notwendig werdende Vielzahl der Erwägungen, die die Entscheidung nach der einen oder anderen Seite hin beeinflussen, erschwert die Urteilsfindung ungemein (30). Anstelle einfacher und klarer Grundsätze, an denen sich die Verwaltung schnell und sicher orientieren kann, steht die weite Generalklausel. So werden schließlich der Verwaltung, die eine Inspektoren- und Massenverwaltung ist (31), nur Steine statt Brot gegeben.

Aber auch der Staatsbürger muß sich verlassen wähnen, wenn er nicht mehr sicher sein kann, ob er auf den Bestand eines begünstigenden Verwaltungsaktes vertrauen darf oder nicht.

Die Entscheidung ist nicht mehr genugend vorhersehbar. So führt diese Rechtsprechung letzten Endes zur Rechtsunsicherheit, obwohl sie gerade vorgibt, besonders der Rechtssicherheit dienen zu wollen (32).

Etwas hiermit Zusammenhängendes kommt noch hinzu. Nicht selten fragt das Rechtsgefühl, ob nicht im Kern gleichgelagerte Fälle verschieden beurteilt werden und hierbei auf Nuancen im Tatbestand abgestellt wird, obwohl diese eine unterschiedliche Beurteilung kaum rechtfertigen. Dies führt schließlich zu der weiteren Frage, ob diese Rechtsprechung nicht gegen eines der elementarsten Gerechtigkeitsprinzipien (33), den Grundsatz der Gleichbehandlung gleichgelagerter Fälle verstößt (34).

Überdies wird man den Eindruck nicht los, daß sie im Ergebnis rechtswidrige begünstigende Verwaltungsakte im Interesse des einzelnen in einem Maß aufrechterhält, das kaum mehr vertretbar erscheint. Das liegt daran, daß die Rechtsprechung im Einzelfall dem Betroffenen nur alles oder nichts geben kann. Um dem Betroffenen nicht alles zu nehmen, wird häufig die Rücknahme von rechtswidrigen begünstigenden Verwaltungsakten für unzulässig erklärt. Daß er damit aber alles behält, erscheint ebenfalls nicht gerechtfertigt (35).

So drängt sich am Ende der Verdacht auf, daß die Gerechtigkeit im Einzelfall, die das Bundesverwaltungsgericht mit seiner Rechtsprechung zu gewinnen glaubt, in vielen Fällen nur eine Illusion sein könnte.

Es ist darum auch nicht verwunderlich, wenn dieser Rechtsprechung zunächst heftig widersprochen wurde (36). Dennoch stimmt man ihr heute überwiegend zu (37). Das darf jedoch nicht darüber hinwegtäuschen, daß die Gründe dieser Zustimmung mehr negativer als positiver Natur sind. Sieht man genauer hin, so ist sie nur der Ausdruck einer allgemeinen Resignation, die in demselben Maße wächst, wie die Widersprüche dieser Rechtsprechung größer und die Aussichten auf eine prinzipielle Lösung kleiner werden.

Mithin wird man die Frage, ob ihre Vorteile größer als ihre Nachteile sind, nicht uneingeschränkt bejahen können.

Einen weiteren Versuch, die Problematik des materiell-rechtlichen Weges zu lösen, stellt der Entwurf eines Verwaltungsverfahrensgesetzes dar, den der Bundesminister des Innern im Dezember 1963 veröffentlicht hat (38).

Auch dieser Entwurf hat vielfach Kritik gefunden. Er macht die Beantwortung der Frage, wann ein fehlerhafter begünstigender Verwaltungsakt zurückgenommen werden darf und wann dem Begünstigten ein billiger Ausgleich zu gewähren ist, davon abhängig, ob das Vertrauen des Begünstigten schutzwürdig ist oder nicht. Die weitere, jedoch entscheidende Frage, wann dies im einzelnen der Fall sein soll, bleibt unbeantwortet (39). Wie die Verfasser selbst einräumen, wird damit das Schwergewicht der Entscheidung wiederum in den Einzelfall verlegt. Dies wird damit begründet, daß der augenblickliche Stand der Erkenntnis ein „Mehr an generalisierender Abstraktion" nicht zulasse (40). Damit leidet aber der Entwurf letzten Endes an denselben Mängeln, die auch die Rechtsprechung des Bundesverwaltungsgerichts bedenklich erscheinen lassen (41).

Nach alledem wird man die Frage, ob die Problematik des materiell-rechtlichen Weges bis heute eine allseits befriedigende Lösung gefunden hat, verneinen müssen.

Wie steht es um die Problematik des formell-rechtlichen Lösungsweges?

Der Gesetzgeber hat auch nach dem Krieg im Zuständigkeitsbereich der Sozialverwaltung grundsätzlich an der Bestandskraft fehlerhafter begünstigender Verwaltungsakte festgehalten (42). Dem entspricht im übrigen auch die Fassung des § 77 des Sozialgerichtsgesetzes (SGG) (43), der lediglich feststellen sollte, daß an den Bestimmungen des speziellen Rechts nichts geändert werde (44).

Darüber hinaus folgert die Mehrzahl der Senate des Bundessozialgerichts aus §§ 77 SGG, 1744 RVO den allgemeinen Grundsatz, daß den Verwaltungsakten im Bereich des Sozialrechts Bestandskraft zukomme, mit Ausnahme der Rechtsgebiete, in denen spezielle Gesetze abweichende Regelungen treffen (45).

Somit hat das Bundessozialgericht in seinen Entscheidungen am formell-rechtlichen Lösungsweg, d. h. an der Bestandskraft festgehalten. Es ist erklärlich, daß diese Rechtsprechung das Unbehagen über das immer stärkere Auseinanderfallen von formeller und materieller Gerechtigkeit noch verstärkt hat (46). So ist es nur zu verständlich, wenn der Ruf nach dem Gesetzgeber in jenen Verwaltungsbereichen, in denen nach wie vor die Bestandskraft gilt, am lautesten zu vernehmen ist (47).

Lediglich der 11. Senat des Bundessozialgerichts unter Haueisen hat dem allgemeinen Unbehagen schon de lege lata nachgegeben, indem er als anderes Gesetz im Sinne des § 77 SGG auch die vom Bundesverwaltungsgericht entwickelten Grundsätze des allgemeinen Verwaltungsrechts über die Rücknahme rechtswidriger begünstigender Verwaltungsakte ansah (48).

Gegen diese Rechtsprechung ist eingewandt worden, daß sie den Sinn des § 77 SGG geradezu in das Gegenteil verkehre, da dieser von der Beibehaltung des alten Rechtszustandes, d. h. der grundsätzlichen Geltung der Bestandskraft ausging (49). Darüber hinaus hat sich der 11. Senat des Bundessozialgerichts dieselbe Kritik gefallen lassen müssen, der auch die Rechtsprechung des Bundesverwaltungsgerichts ausgesetzt ist (50).

Hat mithin auch die Problematik des formell-rechtlichen Weges bis heute eine befriedigende Lösung nicht gefunden, so müssen wir zum Schluß dieses Kapitels feststellen, daß die eingangs gestellte Frage, ob die Behörde einen fehlerhaften begünstigenden Verwaltungsakt zurücknehmen darf oder nicht, nach dem heutigen Stand der Erkenntnis nicht beantwortet werden kann, ohne das Rechtsgefühl nach der einen oder anderen Seite hin unbefriedigt zu lassen.

## II.
## *Entscheidung für den materiell-rechtlichen Lösungsweg*

Bevor wir die Suche nach einer allseits befriedigenden Antwort auf die Frage beginnen, ob und wann ein fehlerhafter begünstigender Verwaltungsakt zurückgenommen werden darf, müssen wir uns zunächst darüber klar werden, ob es sinnvoller ist, auf dem formell- oder dem materiell-rechtlichen Wege vorzugehen. Gerade diese beiden Möglichkeiten werden in der Diskussion über das Rücknahmeproblem nicht immer genügend auseinandergehalten, sondern zum Schaden der Sache durcheinandergeworfen.

Kennzeichnend für die Problematik des formell-rechtlichen Weges ist das unverhältnismäßig häufige Auseinanderfallen von formeller und materieller Gerechtigkeit. Die Ursache hierfür liegt letzten Endes in der größeren Fehleranfälligkeit, der die Massenverwaltung zwangsläufig ausgesetzt ist. Sie kann nicht mit derselben Akribie arbeiten wie die Gerichte (51). Mithin liegt die Wurzel der Problematik des formell-rechtlichen Weges weniger im Rechtlichen als im Tatsächlichen. Am Institut der Bestandskraft eines Verwaltungsaktes ist rechtlich ebenso wenig auszusetzen wie an dem der Rechtskraft eines Urteils, wenn man einmal davon absieht, daß einem Urteil anders als einem Verwaltungsakt ein kontradiktorisches Verfahren vorangeht. Ein Verwaltungsakt könnte mithin in seiner Bindungswirkung einem Urteil gleichgestellt werden, wenn das Fehlerrisiko schon im Verwaltungsverfahren im gleichen Maße wie im gerichtlichen eingeschränkt werden könnte (52).

Derartigen Bemühungen stehen aber gerade im Bereich der gewährenden Verwaltung, um die es hier geht, kaum überwindbare Hindernisse entgegen. Die Schwierigkeiten beginnen schon beim Gesetzgeber. Unter dem Druck allgemeiner Begehrlichkeit, allerdings oft auch infolge sehr realer Notwendigkeiten, findet er nicht die Zeit, um einfache und in ihrer Gesamtheit durchschaubare Gesetze zu erlassen. Und diese Schwierigkeiten zeigen sich potenziert auf der untersten Ebene der Verwaltung, die, wie wir sahen, eine Inspektorenverwaltung ist. Nicht gründlich durchdachte und komplizierte Vorschriften erschweren dieser Verwaltung die Arbeit ungemein. Zeitdruck, Arbeitsüberlastung u. a. kommen hinzu; so wird die fehlerfreie Anwendung von Gesetzen zum Problem. In absehbarer Zeit auf eine durchgreifende Änderung und Besserung zu hoffen, wird sich jeder Kenner der Verhältnisse versagen (53).

Liegt also die Ursache der Problematik des formell-rechtlichen Lösungsweges mehr im Tatsächlichen, so dürften die Vorschläge, die ihr mit rechtlichen Mitteln beizukommen versuchen, schon im Ansatz verfehlt sein.

So führt auch der Vorschlag, die Rechtsmittelfristen zu verlängern und die Bestandskraft erst nach einem längeren Zeitraum, etwa nach 3 Jahren, eintreten zu lassen (54), zunächst nicht weiter. Würde die Behörde kurz vor Ablauf der Rechtsmittelfrist die Fehlerhaftigkeit eines Bescheides feststellen und würde sie unter Berufung auf die noch nicht eingetretene Bestandskraft ihren Bescheid zurücknehmen dürfen, so würden wir erneut vor der Frage stehen, ob bei einem solchen Verfahren nicht die Interessen des Begünstigten zu kurz kämen, wenn er in der Zwischenzeit den Bescheid zum Ausgangspunkt eigener Dispositionen gemacht haben sollte. Während der Interimszeit aber das Risiko jeder Disposition auf den Begünstigten abzuwälzen, sollte sich jedenfalls im Bereich der Sozialverwaltung, die es oft mit Personen von nur noch geringer Lebenserwartung zu tun hat, von selbst verbieten. Wir würden uns also unversehens auf dem materiell-rechtlichen Wege wiederfinden und uns erneut mit dessen ungelöster Problematik konfrontiert sehen. Auch eine Lockerung der Bestandskraft würde letzten Endes zu keinem befriedigenden Ergebnis führen.

Nach alledem bietet eine Suche mit dem Ziel, die Lösung auf dem formell-rechtlichen Weg zu finden, wenig Aussicht auf Erfolg.

Welche Aussichten hat ein Vorgehen auf dem materiell-rechtlichen Weg?

Anders als auf dem formell-rechtlichen könnte auf dem materiell-rechtlichen Weg die Problematik ihre Ursache im Rechtlichen haben. Wie wir sahen, ist das Bundesverwaltungsgericht bei seinem Lösungsversuch unausgesprochen von der Prämisse ausgegangen, daß die Verwaltungsrechtsordnung keine speziellen positiv-rechtlichen Regeln, die einen verständigen Ausgleich zwischen den Interessen des Staates und den Interessen des Staatsbürgers herbeiführen, bereithält.

Bisher scheint die Richtigkeit dieser Prämisse noch nirgendwo auf Zweifel gestoßen zu sein. Steht denn aber wirklich fest, daß sich innerhalb der Verwaltungsrechtsordnung keine Regelung findet, deren Anwendung im Wege der Gesetzesanalogie (55) die Frage nach der Rücknehmbarkeit fehlerhafter begünstigender Verwaltungsakte befriedigend beantwortet? Und ist denn bisher untersucht worden, ob sich nicht möglicherweise aus einer Reihe solcher Regelungen im Wege der Rechtsanalogie (56) ein allgemeiner Rechtsgedanke herleiten läßt, der die Problematik des materiell-rechtlichen Weges befriedigend löst?

Ließe sich ein solcher allgemeiner Rechtsgedanke bloßlegen und wäre er überdies spezieller, weil aussagekräftiger, als der Grundsatz von Treu und Glauben und das Abwägungsprinzip, so würde auch die Rechtsprechung des Bundesverwaltungsgerichts in einem neuen Licht erscheinen. Sie würde an einem methodischen Fehler leiden. Sie würde gegen den Grundsatz lex specialis derogat legi generali verstoßen. Damit würde ihr aber auch die Basis entzogen sein.

Aber nicht nur dies. Die Entwicklung eines solchen allgemeinen Rechtsgedankens würde auch die Auffassung widerlegen, daß der augenblickliche Stand der Erkenntnis ein „Mehr an generalisierender Abstraktion" nicht zulasse, wie die Verfasser des schon oben erwähnten Entwurfs eines Verwaltungsverfahrensgesetzes meinen. Es käme hinzu, daß die Existenz eines solchen de lege lata geltenden Rechtsgedankens (57) eine Normierung, wenn auch vielleicht nicht als überflüssig, so doch keineswegs als dringlich erscheinen lassen würde.

Bieten sich mithin auf dem materiell-rechtlichen Weg Möglichkeiten der rechtlichen Bewältigung des Problems an, so soll diesen im folgenden nachgegangen werden.

## III.

## *Einige Worte über den induktiven Schluß*

Bartholomeyczik hat einmal beklagt, daß die Kunst der Analogie, einst ein Zeichen juristischer Reife, in zunehmendem Maße verloren gegangen und gleichzeitig der billige positivistische Gegenteilsschluß, das argumentum e contratio, zu einem viel und vorschnell gebrauchten Rechtsfindungsmittel geworden sei (58).

Bartholomeyczik beschrieb aber nur die eine Seite. Auf der anderen wird man beobachten können, daß ebenso vorschnell in die Generalklauseln geflüchtet wird, ohne daß vorher der erste, induktive Schritt des Analogieschlusses, die Gewinnung eines analogen Obersatzes (59), sprich allgemeinen Rechtsgedankens, versucht worden wäre.

Sinnt man über die Ursachen dieser beiden Fehler nach, denen hier juristisches Denken erliegt, dann wird man den Eindruck nicht los, daß die juristische Praxis den induktiven Schritt des Analogieschlusses nicht nur scheut, weil er bisweilen schwierig ist (60), sondern vor allem deshalb, weil sie glaubt, ihm hafte in gewisser Weise etwas Fragwürdiges an (61).

Am Schluß dieser Arbeit wird sich erwiesen haben, daß diese Ansicht letzten Endes unrichtig ist. Dennoch enthält sie ein Körnchen Wahrheit. Weil es uns bei unserem weiteren Vorgehen, das zunächst ein induktives sein wird, hinderlich sein könnte, erscheint es sinnvoll, vorher noch einige Worte über den induktiven Schluß zu verlieren.

Es ist zwar richtig, daß das Schließen vom Besonderen aufs Allgemeine von alters her problematischer als das deduktive Schließen ist (62). Wenn wir feststellen, daß alle Menschen sterblich sind, so sagen wir nichts Unrichtiges; gleichwohl fehlt unserer Feststellung das logisch Zwingende, das dem deduktiven Schluß „Alle Menschen sind sterblich, Sokrates ist ein Mensch, also ist auch Sokrates sterblich" eigen ist.

Woran liegt das aber? Noch J. S. Mill war in dem Gedanken befangen, daß es vielleicht möglich sei, die allgemeine Theorie der Induktion so zu vervollkommnen, daß man zu allgemeinen Gesetzen der Induktion gelangen könnte. „Warum", seufzte er, „ist in manchen Fällen ein einziges Vorkommnis genug für eine vollkommene Induktion, während in anderen Fällen Myriaden von übereinstimmenden Beispielen . . . uns nur ein sehr kleines Stück dem Ziele einer universalen Proposition näher bringen? Wer diese Frage beantworten kann, weiß mehr über die Philosophie der Logik als der weiseste der Alten, er hat das Problem der Induktion gelöst."

Dieser Traum ist ausgeträumt. Heute wissen wir, daß wir uns damit abfinden müssen, daß die Induktion nur zu vorläufigen Hypothesen führen kann, deren Wahrheit stets wissenschaftlichem Zweifel ausgesetzt bleibt (63). Hierin liegt das Problematische der Induktion, das aber auch nicht überschätzt werden darf. Es darf uns nicht dazu verleiten, den induktiven Schluß für wissenschaftlich illegitim zu halten. Andernfalls müßten wir auch den Satz „Alle Menschen sind sterblich" als unwissenschaftlich abtun, was sicher unverständig wäre.

Wollen wir also nicht nur im praktischen Leben, sondern auch in der Wissenschaft verständig denken, so haben wir auch hier induktive Sätze solange zu akzeptieren, solange sie einleuchten und mit unserer Erfahrung vom Leben nicht in Widerspruch geraten, auch wenn ihre absolute Wahrheit logisch zwingend nicht bewiesen werden kann.

So geht auch der Trend in der modernen Logik dahin, in jedem Einzelfall die plausibelsten Generalisierungen herauszusuchen, um dann unter ihnen zu wählen (64) und die plausibelste solange zu akzeptieren, solange eine nicht noch plausibelere gefunden worden ist.

Dies gilt für alle Wissenschaften gleichermaßen, mithin auch für die Jurisprudenz. Hier ist unter mehreren denkbaren Generalisierungen diejenige auszuwählen, die das Gerechtigkeitsgefühl aller billig und gerecht Denkenden am meisten befriedigt.

Daß der Gesetzgeber in dieser Weise vorgeht, wenn er generalisiert, liegt ohne weiteres auf der Hand. Daß aber auch der Richter (65), der seiner verfassungsmäßigen Bindung an das Gesetz gerecht werden will, in gleicher Weise vorgehen sollte, ist so offensichtlich nicht.

Darum ist es auch verständlich, wenn er zuweilen glaubt, er ginge bei der Wahl des Analogieschlusses gewisse Risiken ein. Dabei wollen wir hier das „Risiko" außer Betracht lassen, das er auf sich zu nehmen meint, wenn er statt des Gegenteilsschlusses den Analogieschluß zieht. Es ist eingehend beschrieben und erörtert worden (66). Uns soll das „Risiko" interessieren, das auf den Richter zukommt, wenn er vor der Frage steht, ob er den Analogieschluß wählen oder auf eine Generalklausel zurückgreifen soll.

Worin besteht es? Zunächst könnte er bei der Wahl zwischen mehreren denkbaren analogen Obersätzen fehlgreifen und nicht den plausibelsten wählen. Er könnte darüber hinaus aber auch die Möglichkeit einer weiteren Generalisierung übersehen, obwohl gerade diese das Gerechtigkeitsgefühl aller billig und gerecht Denkenden am meisten befriedigen würde.

Sind das aber Risiken, die richterlicher Tätigkeit fremd sind? Und wie, wenn sie ungleich geringer sein sollten als diejenigen, die sich der Richter auflädt, wenn er auf eine Generalklausel zurückgreift?

Allein die Möglichkeit, daß dieser Gedanke richtig sein könnte, sollte uns veranlassen, alle Scheu vor dem ersten, induktiven Schritt des Analogieschlusses zunächst einmal abzustreifen (67).

Damit ist aber der Weg für unser weiteres Vorgehen frei geworden. Mit der Suche nach allgemeinen Rechtsgedanken, die das Problem der Rücknahme fehlerhafter begünstigender Verwaltungsakte allseits befriedigend lösen, kann begonnen werden.

## IV.

## *Das Vergangenheits-Zukunfts-Prinzip*

In diesem Kapitel wollen wir mit unserer eigentlichen Arbeit beginnen. Dabei werden wir in der Weise vorgehen, daß wir zunächst dem eingangs beschriebenen Grundtatbestand eine noch etwas präzisere Fassung geben. Dann werden wir untersuchen, welche positiv-rechtlichen Regelungen diesem Grundtatbestand entsprechen, um am Schluß die Frage zu beantworten, wie der Gesetzgeber den dem Grundtatbestand innewohnenden Interessenkonflikt entschieden hat.

Daß wir hierbei nur Regelungen in Betracht ziehen werden, die dem materiellrechtlichen Lösungsweg zuzuordnen sind, ist nach dem im zweiten Kapitel Gesagten selbstverständlich.

Wir werden aber zunächst noch eine weitere Einschränkung machen, indem wir nur solche Normen berücksichtigen, die Ausdruck der heute immer mehr herrschenden Auffassung sind, daß bei der Rücknahme fehlerhafter begünstigender Verwaltungsakte auch die Interessen des Bürgers angemessen berücksichtigt werden sollten.

Die auf diese Weise außer Betracht bleibenden Regelungen, die, wie wir später sehen werden, entweder die Interessen des Staates oder die des Staatsbürgers im Übermaße schützen, werden weiter unten erörtert (68).

Alle Fälle, in denen die Frage der Rücknahme fehlerhafter begünstigender Verwaltungsakte bedeutsam wird, lassen sich auf den folgenden Grundtatbestand zurückführen:

Eine Behörde erläßt einen von Anfang an fehlerhaften begünstigenden Verwaltungsakt (Vertrauensgrundlage) mit der Folge, daß der Begünstigte auf den Bestand des Verwaltungsaktes vertraut. Später möchte die Behörde den Verwaltungsakt unter Berufung auf seine Fehlerhaftigkeit ex tunc zurücknehmen; der Begünstigte indessen möchte die Behörde an ihrem Verwaltungsakt festhalten.

An der Rücknahme ist die Behörde aus zwei Gründen interessiert. Einmal möchte sie dem Grundsatz der Gesetzmäßigkeit der Verwaltung und dem Gleichheitsgrundsatz Geltung verschaffen. Oft möchte sie den fehlerhaften Verwaltungsakt aber auch um der Wahrung fiskalischer Interessen willen beseitigen.

Das Interesse des Begünstigten, die Behörde an ihrem Verwaltungsakt festzuhalten, hat indessen folgende zwei Aspekte. Einmal möchte der Begünstigte die Vergünstigung in der Zukunft genießen. Zum anderen möchte er ihrer aber auch für die Vergangenheit nicht verlustig gehen.

Welche positiv-rechtlichen Regelungen entsprechen diesem Grundtatbestand?

Eingedenk der oben gemachten Einschränkungen kommen folgende Vorschriften in Betracht:

1. §§ 41 Abs. 1 in Verb. mit 47 Abs. 3 des Gesetzes über das Verwaltungsverfahren der Kriegsopferversorgung (VfG) (69),
2. § 185 Abs. 1 und 2 des Gesetzes über die Arbeitsvermittlung und Arbeitslosenversicherung (AVAVG) (70) sowie
3. §§ 9 Abs. 1 Nr. 2 in Verb. mit 53 Abs. 2 des Rahmengesetzes zur Vereinheitlichung des Beamtenrechts (BRRG) (71).

Betrachten wir zuerst § 41 Abs. 1 VfG allein. Hier ergeben sich zunächst Zweifel, ob diese Vorschrift unserem Grundtatbestand entspricht.

Fehlerhaft ist ein Verwaltungsakt dann, wenn ihm eine unrichtige Feststellung des Sachverhalts oder eine unrichtige Anwendung des Gesetzes zugrunde liegt (72).

Nach dem Wortlaut der Vorschrift, die statt des Wortes „oder" ein „und" enthält, könnte man zunächst meinen, es müßten beide Voraussetzungen nicht alternativ, sondern kumulativ gegeben sein.

Dieser Auffassung ist in ständiger Rechtsprechung auch das Bundessozialgericht (73).

Dennoch bestehen gegen eine kumulative Auslegung der Vorschrift ganz erhebliche Bedenken.

Einmal ist der Wortlaut der Vorschrift nicht so eindeutig, daß das Wort „und" ohne jeden Zweifel nur im Sinne einer kumulativen Aufzählung zweier Voraussetzungen verstanden werden kann. Die Deutung, daß es sich bei dem „und" vielmehr um die Aufzählung zweier gleichgeordneter Tatbestandsmerkmale handelt, ist nicht von vornherein auszuschließen (74).

Weitere Bedenken ergeben sich aus der sehr merkwürdigen Entstehungsgeschichte der Vorschrift. Der Regierungsentwurf (75) und die vom zuständigen Ausschuß des Bundestages beschlossene Fassung enthielt nicht das Wörtchen „und", sondern das Wort „oder". Erst im Plenum des Bundestages ist das „oder" durch ein „und" ersetzt worden, nachdem der Berichterstatter den Änderungsvorschlag damit begründet hatte, daß es sich lediglich um eine redaktionelle Änderung handele. Es ist nicht anzunehmen, daß das Plenum der Änderung zugestimmt hätte, hätte es vorausgesehen, daß ihr später materielle Bedeutung beigelegt werden würde. Deshalb wird man davon ausgehen müssen, daß es der mutmaßliche Wille des Gesetzgebers war, dem Wort „und" lediglich alternative Bedeutung beizumessen, wie es auch die Ausschüsse beschlossen hatten (76).

Bedenken gegen die kumulative Auslegung ergeben sich ferner aus einem dritten Grund. Sie führt zu dem Ergebnis, daß ein Verwaltungsakt, dessen Fehlerhaftigkeit auf einer unrichtigen Feststellung des Sachverhaltes beruht, zurückgenommen werden darf (77), ein Verwaltungsakt, dessen Fehlerhaftigkeit allein auf einem Rechtsirrtum beruht, hingegen nicht.

Es ist jedoch kein Grund ersichtlich, der dieses unterschiedliche Ergebnis rechtfertigen könnte; insbesondere gibt der Unterschied zwischen Rechts- und Tatsachenirrtum einen solchen Grund nicht her (78). Im Gegenteil – geht man vom Sinn und Zweck der Vorschrift aus, so zeigt sich, daß beide Verwaltungsakte gleichbehandelt werden müssen. Beide gleichen einander darin, daß sie dem Staatsbürger etwas zugesprochen haben, auf das er nach dem Gesetz keinen Anspruch hatte. Wenn aber der eine Verwaltungsakt zurückgenommen werden darf, damit der gesetzliche Zustand wieder hergestellt werde, dann muß dies gleichermaßen auch für den anderen Verwaltungsakt gelten; andernfalls würde man dem Grundsatz der Gleichbehandlung Gewalt antun (79).

Der vierte und letzte Grund, der die Unhaltbarkeit der Auffassung des Bundessozialgerichts schließlich zur Gewißheit werden läßt, wird sich im weiteren Verlauf unserer Arbeit ergeben.

Dessen ungeachtet können wir schon jetzt davon ausgehen, daß das Wort „und" in § 41 Abs. 1 VfG lediglich alternative Bedeutung hat. Damit entspricht die Vorschrift aber unserem Grundtatbestand.

Wie hat hier der Gesetzgeber den diesem Grundtatbestand immanenten Interessenkonflikt entschieden?

Zunächst entsteht der Eindruck, als werde der oben erwähnten konservativen Auffassung (80) recht gegeben und dem Grundsatz der Gesetzmäßigkeit der Verwaltung, dem Gleichheitsgrundsatz und den fiskalischen Interessen uneingeschränkt Geltung verschafft. Dieser Eindruck, daß die Interessen des Begünstigten ungeschützt bleiben, verstärkt sich noch, wenn man erfährt, daß die Verwaltungspraxis einen fehlerhaften Versorgungsbescheid gem. § 41 Abs. 1 VfG ex tunc abändert (81).

Sieht man indessen § 41 Abs. 1 VfG in Verbindung mit § 47 Abs. 3 a. a. O., so ergibt sich ein anderes Bild. Dadurch, daß der Begünstigte das bis zur Abänderung des Bescheides Empfangene behalten darf, verbleibt es – wirtschaftlich gesehen und im Ergebnis – bis zum Zeitpunkt der Abänderung beim unrechtmäßigen Zustand; der rechtmäßige wird erst für die Zukunft wieder hergestellt.

Die Frage, wie sich das subjektive Verhalten des Begünstigten auswirkt, klammern wir zunächst aus. Wir würden schnell den Überblick verlieren, versuchten wir, sie schon jetzt zu beantworten. Dies werden wir später nachholen (82).

Bis dahin unterstellen wir hier, aber auch bei allen anderen noch zu erörternden Tatbeständen, daß sich der Begünstigte jeweils redlich verhält, insbesondere, daß er die Gründe der Fehlerhaftigkeit des Verwaltungsaktes weder kennt noch kennen muß.

Betrachten wir nun § 185 Abs. 1 und 2 AVAVG.

Den in Rede stehenden Interessenkonflikt hat der Gesetzgeber hier in gleicher Weise entschieden. Denn auch hier darf das Arbeitsamt den Bewilligungsbescheid ex tunc zurücknehmen (83). Gleichwohl darf aber auch hier der Begünstigte die zu Unrecht empfangenen Leistungen behalten. Es verbleibt also wirtschaftlich und im Ergebnis, ebenso wie im Falle der §§ 41 Abs. 1 in Verb. mit 47 Abs. 3 VfG, bis zur Rücknahme des Bewilligungsbescheides beim unrechtmäßigen Zustand; der rechtmäßige wird lediglich für die Zukunft wieder hergestellt.

Betrachten wir schließlich die §§ 9 Abs. 1 Nr. 2 in Verb. mit 53 Abs. 2 BRRG.

Fraglich könnte hier lediglich sein, ob die von § 9 Abs. 1 Nr. 2 BRRG erfaßte Beamtenernennung ein begünstigender Verwaltungsakt ist.

Hier sei zunächst daran erinnert, daß nach herrschender Meinung auch solche behördlichen Maßnahmen als begünstigend angesehen werden, die trotz gewisser belastender Momente im überwiegenden Interesse des Betroffenen liegen. Immer ist die Interessenlage das Entscheidende für die Beurteilung der Frage, ob eine Belastung oder eine Begünstigung gegeben ist (84).

Eine Beamtenernennung liegt stets im überwiegenden Interesse des Beamten, andernfalls würde er bei seiner Ernennung nicht mitwirken. Jede Beamtenernennung, also auch die des § 9 Abs. 1 Nr. 2 BRRG erfaßte, ist also ein begünstigender Verwaltungsakt.

Wie hat hier der Gesetzgeber den Interessenkonflikt entschieden?

Auch hier darf die Ernennungsbehörde im Regelfall die Ernennung unter Berufung auf ihre Fehlerhaftigkeit ex tunc zurücknehmen (85). Aber auch hier darf der Begünstigte die zu Unrecht erhaltenen Leistungen im Regelfall behalten. Zwar ist er gem. § 53 Abs. 2 BRRG in Verb. mit §§ 812 ff BGB zur Herausgabe verpflichtet. Gleichwohl darf nach der Lebenserfahrung davon ausgegangen werden, daß der Beamte regelmäßig nicht mehr bereichert sein wird (86). Es verbleibt also – wirtschaftlich gesehen und im Ergebnis – bis zum Zeitpunkt der Rücknahme der Ernennung beim unrechtmäßigen Zustand; der rechtmäßige wird auch hier allein für die Zukunft wieder hergestellt.

Allen drei von uns erörterten Regelungen liegt also ein gemeinsamer Gedanke zugrunde. Wir wollen ihn das Vergangenheits-Zukunfts-Prinzip nennen.

Führt dieses Prinzip einen allseits befriedigenden Ausgleich der Interessen herbei und führt es zu billigen Ergebnissen?

Betrachten wir es zunächst von der Interessenlage der Behörde her. Die Interessen der Behörde an der Durchsetzung des Grundsatzes der Gesetzmäßigkeit der Verwaltung und des Gleichheitsgrundsatzes sowie ihr Interesse an der Wahrung fiskalischer Belange bleiben bis zur Rücknahme des Verwaltungsaktes ungeschützt; Schutz genießen sie lediglich für die Zukunft. Dies wird die Behörde als unbefriedigend empfinden.

Und wie stellt sich das Prinzip von der Interessenlage des Begünstigten her dar? Sein Interesse am Bestand des Verwaltungsaktes wird nur für die Vergangenheit geschützt. Für die Zukunft bleibt es ungeschützt. Dies wird der Begünstigte als unbefriedigend empfinden, besonders dann, wenn er den Bestand des Verwaltungsaktes zum Ausgangspunkt solcher Dispositionen gemacht haben sollte, die auch in die Zukunft hineinwirken.

Das Vergangenheits-Zukunfts-Prinzip befriedigt also beide Seiten nicht ganz. Es scheint, als werde der Konflikt durch gegenseitiges Nachgeben, durch einen Vergleich beendet. Ihm scheint der Gedanke zugrunde zu liegen, bis zur Rücknahme den Mantel der Nächstenliebe auszubreiten, hingegen für die Zeit danach wieder nach Sitte und Gesetz zu verfahren. Damit haftet ihm aber etwas Schlichtes und Anspruchsloses an. Es kommt noch hinzu, daß der Zeitpunkt der Rücknahme davon abhängig ist, wann die Fehlerhaftigkeit des Verwaltungsaktes erkannt wird. Damit hängt aber auch die Dauer der von der Behörde unrechtmäßig zu erbringenden Leistungen vom Zufall ab. Das Vergangenheits-Zukunfts-Prinzip scheint mithin vom Zufall beherrscht zu sein.

Eine endgültige Kritik wollen wir uns noch versagen, gleichwohl werden wir schon jetzt einräumen müssen, daß dem Vergangenheits-Zukunfts-Prinzip gewisse Mängel anhaften.

## V.

## *Das Vertrauensschadens-Prinzip*

Die Entwicklung des Vergangenheits-Zukunfts-Prinzips scheint uns nicht weitergebracht zu haben. Indessen sollten wir uns dadurch nicht entmutigen lassen. Es besteht immer noch die Möglichkeit, unseren Grundtatbestand in der Weise zu verallgemeinern, daß wir das Tatbestandsmerkmal „Verwaltungsakt" durch das allgemeinere „Verhalten" ersetzen, wobei der Begriff „Verhalten" den spezielleren „Verwaltungsakt" in sich aufnehmen würde.

Dieser Verallgemeinerung liegt der Gedanke zugrunde, daß sich innerhalb der Verwaltungsrechtsordnung noch andere positiv-rechtliche Regeln finden lassen, die den unserem Grundtatbestand innewohnenden Konflikt entscheiden, obwohl die Vertrauensgrundlage hier nicht in einem begünstigenden Verwaltungsakt, sondern in einem schlichten begünstigenden Verhalten besteht.

Dieser zweite allgemeinere Grundtatbestand lautet dann wie folgt:

Eine Behörde zeigt einem anderen gegenüber ein von Anfang an fehlerhaftes begünstigendes Verhalten (Vertrauensgrundlage) mit der Folge, daß nunmehr der andere auf den Bestand dieses Verhaltens vertraut. Später möchte die Behörde ihr Verhalten unter Berufung auf die Fehlerhaftigkeit ex tunc ändern; der Begünstigte möchte die Behörde dagegen an ihrem Verhalten festhalten.

Wie im vorangegangenen Kapitel werden wir zunächst wieder fragen, welche positiv-rechtlichen Regelungen diesem Grundtatbestand entsprechen, um dann zu untersuchen, wie der ihm innewohnende Interessenkonflikt vom Gesetzgeber entschieden wurde.

Neben den schon erörterten Normen kommt § 213 der Reichsversicherungsordnung (RVO) in Betracht (87).

Wo liegt hier das fehlerhafte begünstigende Verhalten, auf dessen Bestand der Begünstigte vertraut?

Dadurch, daß die Versicherungskasse ununterbrochen und unbeanstandet drei Monate lang Versicherungsbeiträge entgegennimmt, erweckt sie bei dem Leistenden den Rechtsschein, daß sie auch weiterhin Beiträge entgegennehmen, daß ihr Verhalten mithin Bestand haben werde. Dies hat zur Folge, daß der Leistende schließlich darauf vertraut, in einem öffentlich-rechtlichen Versicherungsverhältnis zu stehen. Das Verhalten der Versicherungskasse ist begünstigend, da der Leistende daran interessiert ist, bei einem öffentlich-rechtlichen Versicherungsträger versichert zu sein. Das folgt daraus, daß er Versicherungsbeiträge entrichtet hat. Schließlich ist das Verhalten der Versicherungskasse auch fehlerhaft, da es mit der Satzung des Versicherungsträgers nicht im Einklang steht; denn der Begünstigte ist weder zur Zahlung verpflichtet noch berechtigt.

Wir sehen also, daß auch § 213 RVO dem zweiten Grundtatbestand entspricht.

Wie hat der Gesetzgeber hier den Interessenkonflikt entschieden?

Zunächst gewinnt man den Eindruck, als müsse sich die Versicherungskasse, weil sie die satzungsmäßigen Leistungen zu erbringen hat, an ihrem Verhalten festhalten lassen. Wir sahen aber, daß das Interesse des Begünstigten darauf gerichtet ist, bei einem öffentlich-rechtlichen Versicherungsträger versichert zu sein. Wird dieses Interesse geschützt, kommt zwischen dem Begünstigten und dem öffentlich-rechtlichen Versicherungsträger ein Versicherungsverhältnis zustande?

Dem schlichten Wortlaut der Vorschrift läßt sich das nicht entnehmen; insbesondere spricht das Wörtchen „gleichwohl" eher für das Gegenteil. Danach würde dem Begünstigten nur ein Anspruch auf die satzungsmäßigen Leistungen für den einmal eingetretenen Versicherungsfall zustehen. Eine Anwartschaft auf weitere Ansprüche aus Anlaß künftiger, noch nach dem Erkennen der Fehlerhaftigkeit eintretender Versicherungsfälle würde der Begünstigte nicht haben. Hat er sie aber nicht, so kann auch kein öffentlich-rechtliches Versicherungsverhältnis zustande gekommen sein.

Die Richtigkeit dieser Auslegung zeigt allerdings erst ein Vergleich mit dem nicht ausdrücklich geregelten Fall, der sich von dem des § 213 RVO nur dadurch unterscheidet, daß die Versicherungskasse die Fehlerhaftigkeit ihres Verhaltens schon vor Eintritt des Versicherungsfalles erkennt.

Zweifellos darf hier die Versicherungskasse ihr Verhalten unter Hinweis auf die nicht bestehende Versicherungspflicht sowie das nicht bestehende Versicherungsrecht des Begünstigten ändern, indem sie die Annahme weiterer Beitragsleistungen verweigert. Darf sie das, so kann ihr bisheriges Verhalten auch nicht zu einem öffentlich-rechtlichen Versicherungsverhältnis geführt haben. Besteht es hier nicht, so kann es aber auch im Falle des § 213 RVO nicht bestehen. Denn beide Fälle gleichen einander darin, daß die Versicherungskasse unbeanstandet drei Monate lang Beiträge angenommen hat. Sie gleichen sich somit gerade in den Umständen, die allein das Zustandekommen eines öffentlich-rechtlichen Versicherungsverhältnisses rechtfertigen könnten. Der darin liegende Unterschied beider Fälle, daß in dem einen der Versicherungsfall schon eingetreten ist, in dem anderen dagegen nicht, ist für die Frage des Zustandekommens oder Nichtzustandekommens eines öffentlich-rechtlichen Versicherungsverhältnisses ohne Belang.

Kommt mithin im Falle des § 213 RVO ein öffentlich-rechtliches Versicherungsverhältnis nicht zustande, so heißt dies zugleich, daß die Versicherungskasse ihr Verhalten ohne weiteres ändern darf, sobald sie dessen Fehlerhaftigkeit erkannt hat. Das Interesse des Begünstigten, bei einem öffentlich-rechtlichen Versicherungsträger versichert zu sein, bleibt mithin ungeschützt.

Wie erklärt es sich aber, daß dem Begünstigten dennoch ein Anspruch auf die satzungsmäßigen Leistungen zusteht?

Wird hier wieder das Vergangenheits-Zukunfts-Prinzip wirksam? Das Vergangenheits-Zukunfts-Prinzip stellt auf den Zeitpunkt der Änderung des begünstigenden Verhaltens ab. Es sagt, daß es bis dahin beim unrechtmäßigen Zustand verbleibt und daß nach diesem Zeitpunkt der gesetzmäßige wieder herzustellen ist. Nach dem Vergangenheits-Zukunfts-Prinzip sind mithin nach der Änderung des Verhaltens keine unrechtmäßigen Leistungen mehr zu erbringen. Dem entspricht aber nur der von § 213 RVO erfaßte Fall, in dem das Verhalten geändert wird, nachdem der Versicherungsfall eingetreten und abgewickelt worden ist. In den anderen Fällen, in denen das Verhalten nach Eintritt des Versicherungsfalles, aber vor der Abwicklung geändert wird, liegen die dem Begünstigten zu erbringenden unrechtmäßigen Leistungen gerade in der Zukunft. Das Vergangenheits-Zukunfts-Prinzip wird also nur für einen Grenzfall des § 213 RVO wirksam; für die anderen von dieser Vorschrift erfaßten Fälle dagegen nicht. Für sie muß mithin ein anderes Prinzip gelten.

Welches ist es? Der Leistungspflicht des Versicherungsträgers könnte ein Schadensersatzanspruch zugrunde liegen, der von dem Begünstigten die Nachteile abwenden soll, die ihm dadurch entstanden sind, daß er Dispositionen getroffen oder zu treffen unterlassen hat, die er nicht getroffen oder zu treffen unterlassen hätte, hätte er nicht darauf vertraut, daß das Verhalten des Begünstigenden Bestand haben werde.

Diese Deutung würde indessen voraussetzen, daß dem Begünstigten ein Vertauensschaden erwachsen ist, und daß § 213 RVO diesen Schaden bis zur Höhe des Bestandsinteresses ausgleicht.

Die Frage, ob dem Begünstigten ein Vertrauensschaden entstanden ist, wird durch einen Vergleich der tatsächlichen Vermögenslage mit der beantwortet, die bestehen würde, hätte der Begünstigte nicht vertraut (88).

Hätte der Begünstigte nicht darauf vertraut, in einem öffentlich-rechtlichen Versicherungsverhältnis zu stehen, so hätte er es nicht unterlassen, sich bei einem privaten Versicherer zu versichern. Daß er dies nicht unterlassen hätte, hat der Gesetzgeber mit Recht unterstellt, denn durch die ununterbrochenen Beitragsleistungen hat der Begünstigte zu erkennen gegeben, daß er daran interessiert war, versichert zu sein. Hätte der Begünstigte es nicht unterlassen, sich bei einem privaten Versicherer zu versichern, so würde er bei Eintritt des Versicherungsfalles einen Anspruch auf Versicherungsleistungen gegen diesen Versicherer gehabt haben. Tatsächlich ist trotz der Beitragsleistungen des Begünstigten ein öffentlich-rechtliches Versicherungsverhältnis nicht zustande gekommen. Darum steht dem Begünstigten bei Eintritt des Versicherungsfalles auch ein Anspruch auf die satzungsmäßigen Leistungen nicht zu. Der Vergleich beider Vermögenslagen fällt somit dahin aus, daß der Begünstigte in dem einen Fall einen Anspruch auf Versicherungsleistungen hätte, in dem anderen Fall dagegen nicht. Die zwischen beiden Vermögenslagen bestehende Differenz zeigt aber nicht nur, daß dem Begünstigten ein Vertrauensschaden entstanden ist; sie macht auch Inhalt und Höhe dieses Schadens deutlich. Er liegt in dem Ausfall des Anspruchs auf Versicherungsleistungen, den der Begünstigte gegen einen privaten Versicherer haben würde.

Wird dieser Schaden durch § 213 RVO bis zur Höhe des Bestandsinteresses ausgeglichen? Welche Höhe hat der Anspruch, den der Begünstigte gegen einen privaten Versicherer hätte? Die Leistungen eines privaten Versicherers können im Einzelfall unter den satzungsmäßigen Leistungen des öffentlich-rechtlichen Versicherungsträgers, sie können aber auch darüber liegen. Wenn der Gesetzgeber ohne Rücksicht hierauf dem Begünstigten einen Anspruch auf die satzungsmäßigen Leistungen gewährt, so hat er im ersten Fall generalisiert und hierbei in Kauf genommen, daß der Begünstigte unter Umständen etwas mehr erhält, als er von einem privaten Versicherer erhalten würde. Er hat aber gleichzeitig für den zweiten Fall sichergestellt, daß der Begünstigte nicht über das Interesse hinaus entschädigt wird, das er am Bestand des begünstigenden Verhaltens der Versicherungskasse hatte.

Nach alledem steht fest, daß dem Begünstigten ein Vertrauensschaden entstanden ist, der durch § 213 RVO bis zur Höhe des Bestandsinteresses ausgeglichen wird. Somit erweist sich, daß § 213 RVO als ein auf den Ersatz des Vertrauensschadens gerichteter Schadensersatzanspruch anzusehen ist.

Damit ist aber auch offenbar geworden, wie hier der Gesetzgeber den dem zweiten Grundtatbestand innewohnenden Interessenkonflikt entschieden hat.

Die Behörde darf ihr fehlerhaftes begünstigendes Verhalten ex tunc (89) ändern. Damit werden ihre Interessen, soweit sie die Durchsetzung des Grundsatzes der Gesetzmäßigkeit der Verwaltung und des Gleichheitsgrundsatzes betreffen, in vollem Umfang geschützt. Ihre fiskalischen Interessen indessen bleiben insoweit ungeschützt, als dem Begünstigten dadurch ein Schaden entstanden ist, daß er auf den Bestand des fehlerhaften begünstigenden Verhaltens der Behörde vertraut hat; denn diesen Schaden muß die Behörde ersetzen.

Das Interesse des Begünstigten hingegen wird nur insoweit geschützt, als ihm infolge seines Vertrauens ein Schaden entstanden ist; sein weitergehendes Interesse, bei einem öffentlich-rechtlichen Versicherungsträger versichert zu sein, bleibt ungeschützt.

Wir wollen dieses Kriterium, den unserem zweiten Grundtatbestand innewohnenden Interessenkonflikt zu entscheiden, das Vertrauensschadens-Prinzip nennen.

Mancher Leser wird jetzt vielleicht fragen, ob denn der oben erwähnte Grenzfall, der, wie wir sahen, dem Vergangenheits-Zukunfts-Prinzip folgte, nicht auch dem Vertrauensschadens-Prinzip gehorcht.

Daß die Versicherungskasse die Fehlerhaftigkeit ihres Verhaltens erst erkennt, nachdem der Versicherungsfall eingetreten und schon abgewickelt worden ist, steht tatsächlich der Deutung nicht entgegen, daß es sich bei den im Zuge der Abwicklung erbrachten satzungsmäßigen Leistungen um die Erfüllung eines auf den Ersatz des Vertrauensschadens gerichteten Schadensersatzanspruches gehandelt hat. Mithin folgt der erwähnte Grenzfall nicht nur dem Vergangenheits-Zukunfts-Prinzip, sondern ebenso auch dem Vertrauensschadens-Prinzip.

Damit drängt sich aber der Gedanke auf, daß beide Prinzipien nicht nur auf verschiedenen Ebenen liegen, sondern sogar gewisse verwandtschaftliche Beziehungen aufweisen. Schon als sich zeigte, daß auch § 213 RVO dem zweiten Grundtatbestand entspricht, wurde deutlich, daß mindestens auf der Tatbestandsseite zwischen den §§ 41 Abs. 1 VfG, 185 Abs. 1 AVAVG, 9 Abs. 1 Nr. 2 BRRG und 213 RVO solche Beziehungen bestehen müssen. Bestehen sie auch auf der Rechtsfolgenseite? Liegt vielleicht allen diesen Vorschriften ein gemeinsamer Rechtsgedanke zugrunde?

Damit sind wir aber schon an einer entscheidenden Stelle unserer Arbeit angelangt. Wir könnten nun versuchen, diese eben gestellten Fragen im Rahmen unserer bisherigen Induktionsbasis zu beantworten. Es wird sich später zeigen, daß ein solcher Versuch auch nicht vergeblich wäre. Gleichwohl würde das Ergebnis unserer Bemühungen der letzten Überzeugungskraft entbehren. Das liegt daran, daß unsere Induktionsbasis immer noch verhältnismäßig schmal ist und daher jeder von dieser Basis ausgehende induktive Schluß gewagt erscheinen würde.

Darum werden wir im folgenden unsere Induktionsbasis noch einmal dadurch zu erweitern suchen, daß wir auch den zweiten Grundtatbestand noch etwas allgemeiner fassen.

## VI.

## *Die analoge Anwendung privatrechtlicher Normen auf Streitfälle des öffentlichen Rechts*

Wir könnten unseren Grundtatbestand dadurch erweitern, daß wir das Tatbestandsmerkmal „Behörde" fallen lassen und hierfür das allgemeinere „Rechtssubjekt" einfügen. Dies würde allerdings bedeuten, daß wir den Rahmen des öffentlichen Rechts verlassen und die Suche auch auf Regeln des privaten Rechts erstrecken.

Ist dies aber sinnvoll, wo wir doch nach einer Lösung des Problems der Rücknahme fehlerhafter begünstigender Verhaltensweisen einer Behörde suchen?

Wir haben bisher alle zunächst in Betracht kommenden positiven Regeln des öffentlichen Rechts ausgeschöpft, ohne daß es uns gelungen wäre, einen allgemeinen Rechtsgedanken bloßzulegen, der das besagte Problem allseits befriedigend löst. Auch haben wir es uns versagt, diesen Rechtsgedanken aus der bisherigen Induktionsbasis herzuleiten. So verbleibt also im Augenblick gar keine andere Wahl, als die Verwaltungsrechtsordnung zu verlassen und auch auf Normen des privaten Rechts zurückzugreifen.

Dann haben wir uns aber zunächst der Frage der analogen Anwendung privatrechtlicher Normen auf Sachverhalte des öffentlichen Rechts zu stellen und die Möglichkeit einer solchen Analogie zu untersuchen.

Die Frage ist nicht neu. Sie wird seit der Begründung eines eigenständigen Verwaltungsrechts durch Otto Mayer diskutiert. Er lehnte den Rückgriff auf Normen des Privatrechts rigoros mit der Begründung ab, daß beide Rechtsgebiete wesensverschieden seien und daher auch die jeweiligen Rechtssätze einen anderen Zweck verfolgten. Eine Übertragung sei daher schlechthin ausgeschlossen (90). Dieser Stellungnahme wurde jedoch im Laufe der Zeit immer mehr widersprochen. Jellinek meint, es sei unverständig, die vom Bürgerlichen Gesetzbuch gebotene Hilfe nicht zu ergreifen, wenn die Ähnlichkeit der im öffentlichen Recht zu entscheidenden Frage unmittelbar ins Auge springe und die Heranziehung des Bürgerlichen Rechts den Fall glatt entscheide (91). Ähnlich äußert sich Forsthoff. Auch er bejaht grundsätzlich die Anwendbarkeit privatrechtlicher Normen im Verwaltungsrecht (92). So nimmt denn die heute vorherrschende Meinung zu dieser Frage eine sehr viel unbefangenere Haltung ein als es früher der Fall gewesen ist (93).

Indessen ist bemerkenswert, daß sich in der juristischen Praxis immer noch starke Hemmungen einstellen, wenn es darum geht, eine Norm des privaten Rechts auf einen Fall des öffentlichen Rechts anzuwenden.

Hier zeigt sich wieder jene Scheu vor dem ersten, induktiven Schritt des Analogieschlusses, von der schon oben im dritten Kapitel die Rede war. Doch ist sie hier besonders groß, weil sie sich mit einem weitverbreiteten Mißverständnis verbindet.

Vielfach kann man auch heute noch hören, die analoge Anwendung privatrechtlicher Normen verbiete sich schon deshalb, weil im öffentlichen Recht der Grundsatz der Über- und Unterordnung, im privaten Recht hingegen der der Gleichordnung herrsche. Ist das richtig?

Erläßt der Staat eine Polizeiverfügung oder einen Steuerbescheid, so tritt er dem Staatsbürger aus der Position der Überordnung entgegen. An dieser Position ändert sich während der Dauer seines Eingriffs und nach dem Eingriff nichts. Erläßt der Staat einen Rentenbescheid oder erteilt er eine Gewerbekonzession, so tritt er zwar dem Staatsbürger ebenfalls aus der Position der Überordnung entgegen. Nur: Ändern sich in den beiden letztgenannten Fällen nicht spätestens die Ordnungsverhältnisse in dem Augenblick, in dem dem Staatsbürger der Rentenbescheid oder die Gewerbekonzession zugegangen ist? Ist nun nicht der Staatsbürger in Ansehung seines Anspruchs auf die Rente oder des Bestandes seiner Konzession dem Staat übergeordnet?

Und müssen wir nicht im Privatrecht eine entsprechende Änderung der Ordnungsverhältnisse beobachten, wenn ein Rechtsverhältnis zustande gekommen ist? Zwei Vertragspartner treten zwar auf der Ebene der Gleichordnung zueinander in Beziehung. Ist aber ein gegenseitiger Vertrag, etwa ein Kaufvertrag geschlossen, ist dann nicht der Käufer hinsichtlich der Kaufsache dem Verkäufer übergeordnet und umgekehrt der Verkäufer hinsichtlich des Kaufpreises dem Käufer? Und treten nicht erst am Ende, wenn die beschriebenen Rechtsbeziehungen abgewickelt sind, die alten Ordnungsverhältnisse, die die Formel von der Über- und Unterordnung im öffentlichen und der Gleichordnung im privaten Recht beschreibt, wieder ein?

Es verhält sich tatsächlich so. Man darf sich nur der Einsicht nicht verschließen, daß Überordnung nichts anderes bedeutet als das durch die Rechtsordnung verliehene Recht, von einem anderen gegen dessen Interessen ein Tun, ein Unterlassen oder eine Duldung verlangen zu können. In der Natur bedarf der Mensch der Übermacht, um einen anderen zu veranlassen, etwas gegen die eigenen Interessen zu tun; im Kulturstaat bedarf er hierzu der legitimierten Übermacht, d. h.

der Überordnung, der auf der Seite des Verpflichteten die Unterordnung entspricht (94).

Damit wird aber offenbar, daß innerhalb einer bestimmten Rechtsbeziehung im öffentlichen wie im privaten Recht stets das Verhältnis von Über- und Unterordnung herrscht; entweder ist der eine berechtigt, dann ist der andere verpflichtet und umgekehrt. Innerhalb eines bestimmten Rechtsverhältnisses kann also auch der Private dem Staat und ein Privater einem anderen Privaten einmal über-, ein anderes Mal untergeordnet sein.

Hiermit ist keineswegs gesagt, daß die Formel von der Über- und Unterordnung im öffentlichen und der Gleichordnung im privaten Recht unrichtig ist.

Im Gegenteil – sie stellt, wenn man nur an die Frage des Rechtsweges oder an die der Zuordnung der Normen zu dem einen oder anderen Rechtsgebiet denkt, ein wichtiges Kriterium dar. Bloß sagt die Formel nicht, wie in unzulässiger Verallgemeinerung vielfach angenommen wird, daß der Staat immer und in jedem Falle einem Privaten übergeordnet ist. Das ist er nicht, er ist es nur im Hinblick auf ein ganz besonderes Recht; das Recht nämlich, zur Wahrung und Förderung des Allgemeinwohls sich selbst Rechte geben und diese auch selbst vollstrecken zu dürfen.

So beschreibt die Formel also nur das Urphänomen jeder staatlichen Ordnung, in der der Staat dem Staatsbürger a priori und letzten Endes übergeordnet ist und die Privaten a priori und letzten Endes einander gleichgeordnet sind.

Demzufolge sagt die Formel auch über die Ordnungspositionen innerhalb eines bestimmten Rechtsverhältnisses solange nichts aus, solange ein Staat bereit ist, das Bestehen subjektiver öffentlicher Rechte anzuerkennen. Sie beschreibt daher auch nur die Ausgangspositionen, von denen aus zwei Rechtssubjekte zueinander in Rechtsbeziehungen treten sowie die Ordnungspositionen, in die beide zurückkehren, wenn die Rechtsbeziehungen beendet sind.

Führen wir uns aber vor Augen, daß es sich bei der Analogie nicht darum handelt, eine Norm, die dem Privatrecht zugeordnet wird, auf das öffentliche Recht zu übertragen, sondern darum, eine Norm, die ein bestimmtes privates Rechtsverhältnis regelt, auf ein bestimmtes und ungeregeltes öffentliches Rechtsverhältnis anzuwenden und verknüpfen wir diese Einsicht mit der oben gewonnenen, daß innerhalb eines bestimmten Rechtsverhältnisses im öffentlichen wie im privaten Recht stets das Verhältnis von Über- und Unterordnung, von Berechtigung und Verpflichtung herrscht, so wird auch die Möglichkeit ähnlicher Interessenkonflikte und die sich hieraus ergebende Vergleichbarkeit von privaten Rechten und Pflichten einerseits und öffentlichen andererseits offenbar.

Solange der Staat also das Bestehen subjektiver öffentlicher Rechte anerkennt, mithin darauf verzichtet, auf Grund seiner a priori Überordnung in bestehende subjektive öffentliche Rechte einzugreifen, solange beruht auch der Gedanke, die analoge Anwendung privatrechtlicher Normen sei schon deshalb ausgeschlossen, weil im öffentlichen Recht der Grundsatz der Über- und Unterordnung und im Privatrecht der der Gleichordnung herrsche, auf einem Mißverständnis.

Daher tun wir gut daran, auch hier alle Scheu vor der Analogie abzulegen und mit der vorherrschenden Meinung davon auszugehen, daß die bloße Zuordnung einer Norm zu dem einen oder anderen Rechtsgebiet kein Hindernis für die Analogie darstellt und daß die Anwendung einer Norm des privaten Rechts auf einen Streitfall des öffentlichen Rechts und umgekehrt (95) nur jenen Regeln unterliegt, denen jede Analogie unterworfen ist.

## VII.

## *Das Vertrauensschutz-Prinzip*

– Verhalten des Begünstigenden –

Den Gedanken, unseren Grundtatbestand dadurch zu verallgemeinern, daß wir das Tatbestandsmerkmal „Behörde" durch das allgemeinere „Rechtssubjekt" ersetzen, können wir jetzt vollziehen.

Sinnvoll wird dies aber erst, wenn wir zugleich das Tatbestandsmerkmal „fehlerhaft" auswechseln. Unter einem fehlerhaften begünstigenden Verhalten verstanden wir bisher eine Verhaltensweise, die mit dem Gesetz nicht im Einklang stand. Ein streng an das Gesetz gebundenes begünstigendes Verhalten ist aber allein staatlichem Handeln eigen, dem privaten ist es fremd. Die Privaten erfreuen sich im Rahmen des Zivilrechts, insbesondere im Hinblick auf das „ob" ihres Tätigwerdens einer sehr weitgehenden Dispositionsfreiheit. Aus diesem Grunde paßt der bisherige Begriff „fehlerhaft" auf begünstigende Verhaltensweisen eines Privaten nicht. Darum müssen wir ihn durch einen allgemeineren ersetzen. Dieser allgemeinere Begriff muß so weit sein, daß er ein fehlerhaftes begünstigendes Verhalten des Staates in sich aufnimmt, zugleich aber auch mit Mängeln behaftete begünstigende Verhaltensweisen eines Privaten mit einschließt. Dabei kann zunächst offenbleiben, worin die Mängel im einzelnen liegen mögen, wenn sie es nur rechtfertigen, das Verhalten unter Berufung auf diese Mängel später ändern zu dürfen. In diesem Sinne wollen wir den Begriff „fehlerhaft" durch den allgemeineren „mangelbehaftet" ersetzen. Die Frage, was es mit der Mangelhaftigkeit im Kern auf sich hat, wird später beantwortet werden.

Danach ergibt sich folgender dritter und letzter Grundtatbestand:

Ein Rechtssubjekt zeigt einem anderen ein von Anfang an mangelbehaftetes begünstigendes Verhalten (Vertrauensgrundlage) mit der Folge, daß nunmehr der andere auf den Bestand dieses Verhaltens vertraut. Später möchte der Begünstigende sein Verhalten unter Berufung auf dessen Mangelhaftigkeit ex tunc ändern; der Begünstigte möchte ihn dagegen an seinem Verhalten festhalten.

Welche Normen entsprechen diesem Grundtatbestand? Außer den bereits erörterten kommen als wichtigste die Vorschriften der §§ 119, 179, 812 ff BGB in Betracht.

Alle drei Tatbestände enthalten Verhaltensweisen, die mit Mängeln behaftet sind. Im § 119 BGB ist die Willenserklärung mit dem Mangel des Irrtums, im § 179 BGB mit dem Mangel der fehlenden Vertretungsmacht behaftet. In den §§ 812 ff BGB liegt der Mangel, mit dem die Hingabe des Vermögensgegenstandes behaftet ist, in dem Fehlen eines rechtlichen Grundes.

Handelt es sich aber auch in allen Fällen um begünstigende Verhaltensweisen, auf deren Bestand der Begünstigte vertraut?

Betrachten wir zunächst die §§ 119 und 179 BGB allein. Beide Vorschriften beantworten die Frage, ob und inwieweit der Irrende und der falsus procurator ihr Verhalten gegen die Interessen des Erklärungsgegners ändern dürfen. Sie werden mithin nur praktisch, wenn der Erklärungsgegner am Bestand der Willenserklärungen interessiert ist, sie also als begünstigend ansieht. Fehlt dieses Interesse, so laufen beide Vorschriften leer. Darum sind die von den §§ 119, 179 BGB erfaßten Willenserklärungen stets auch begünstigender Natur.

Beide Willenserklärungen beinhalten das Versprechen, künftig etwas zu tun, gelegentlich aber auch etwas zu unterlassen oder zu dulden mit der Folge, daß nunmehr der Erklärungsgegner auf den Bestand des in den Willenserklärungen liegenden begünstigenden Verhaltens vertraut (96).

Und wie verhält es sich in den §§ 812 ff BGB? Es ist unschwer einzusehen, daß die Hingabe eines vermögenswerten Gegenstandes für den Empfänger begünstigend ist. Dadurch, daß er den Vermögensgegenstand annimmt, zeigt er sein Interesse, den Vermögensgegenstand zu erlangen. Die Vermögensverschiebung sieht er also als begünstigend an.

In der Hingabe eines vermögenswerten Gegenstandes aber liegt stets zugleich auch der Rechtsschein eines Versprechens des Bereichernden, es künftig zu unterlassen, den Vermögensgegenstand wieder zurückzufordern, so daß der Bereicherte nunmehr darauf vertraut, daß dieses begünstigende Verhalten auch Bestand haben werde.

Wie hat hier der Gesetzgeber den unserem Grundtatbestand innewohnenden Interessenkonflikt gelöst?

Der Antwort nähern wir uns am schnellsten, wenn wir die einzelnen Tatbestände der §§ 119, 179 und 812 ff BGB nach den Rechtsfolgen ordnen, die sie auslösen. Auf diese Weise ergeben sich zwei Gruppen:

1. Gruppe: § 179 Abs. 1 und § 814 BGB
2. Gruppe: § 119, § 179 Abs. 2 und § 812 BGB.

Was ist für die Tatbestände der ersten Gruppe typisch? In der ersten Gruppe haftet der falsus procurator nach der Wahl seines Erklärungsgegners auf Erfüllung oder Schadensersatz. Der Bereichernde darf den hingegebenen Vermögensgegenstand nicht wieder herausverlangen. Typisch für die erste Gruppe ist mithin, daß sich die Begünstigenden an ihrem Verhalten festhalten lassen müssen und es nicht ändern dürfen.

Bei den Tatbeständen der zweiten Gruppe indessen darf der Irrende seine Erklärung anfechten und der falsus procurator sich auf den Mangel der Vertretungsmacht berufen. Beide dürfen mithin ihr Verhalten ändern. Ändern sie es aber, so sind sie dem Erklärungsgegner zum Ersatz des Vertrauensschadens gem. § 122 bzw. § 179 Abs. 2 BGB verpflichtet.

Wie verhält es sich aber mit dem Bereichernden nach § 812 BGB? Er darf den Vermögensgegenstand herausverlangen, darf also ebenfalls sein Verhalten ändern, er braucht sich nicht festhalten zu lassen. Anders als der Irrende und der falsus procurator nach § 179 Abs. 2 BGB scheint er jedoch nicht zum Ersatz des Vertrauensschadens verpflichtet zu sein.

Dieser Schein trügt aber. Was bedeutet es denn, wenn § 818 Abs. 3 BGB gemäß die Verpflichtung zur Herausgabe entfällt, soweit der Empfänger nicht mehr bereichert ist?

Der Begriff der Bereicherung ist nicht rechtlicher, sondern wirtschaftlicher Natur. Darum ist die Bereicherung nicht nur fortgefallen, wenn die Substanz des Vermögensgegenstandes nicht mehr vorhanden ist. Auch wenn das ursprünglich Erlangte noch da ist, kann die Bereicherung teilweise oder ganz weggefallen sein. Denn § 818 Abs. 3 BGB liegt der Gedanke zugrunde, daß dem Bereicherten durch die ungerechtfertigte Vermögensverschiebung keine Vor-, aber auch keine Nachteile erwachsen sollen.

Darum mindert sich der Herausgabeanspruch des Bereichernden von vornherein um alle Vermögensnachteile, die dem Bereicherten als Folge seines Vertrauens auf die Unwiderruflichkeit der Vermögensverschiebung entstanden sind (97). Die Bereicherung besteht somit nur noch in dem Überschuß der Aktiv- über die Passivposten (98).

Stellt dann aber § 818 Abs. 3 BGB etwas anderes dar, als ein auf den Ersatz des Vertrauensinteresses gerichteter Schadensersatzanspruch, der vom Gesetzgeber, jedenfalls aber nach der herrschenden Rechtsprechung und Lehre kurzerhand mit dem Herausgabeanspruch des Bereichernden verrechnet wird? Daß dies für die Fälle zutrifft, in denen die Substanz des Vermögensgegenstandes noch vorhanden ist, dem Bereicherten jedoch infolge seines Vertrauens auf den Bestand der Vermögensverschiebung Nachteile entstanden sind, ist ohne weiteres einsichtig.

Wie liegt es aber in den Fällen, in denen die Substanz des Vermögensgegenstandes nicht mehr da ist?

Unterstellen wir einmal, daß dem Bereicherten hier statt der Möglichkeit, sich auf den Wegfall der Bereicherung berufen zu dürfen, ein auf sein Vertrauensinteresse gerichteter Schadensersatzanspruch zustünde. Dann würde dem Wertersatzanspruch des Bereichernden gem. § 818 Abs. 2 BGB dieser eben genannte Schadensersatzanspruch gegenüberstehen. Inhalt und Höhe dieses Anspruchs würde wiederum ein Vergleich der tatsächlichen Vermögenslage des Bereicherten mit der deutlich machen, die bestehen würde, hätte der Bereicherte nicht darauf vertraut, den Vermögensgegenstand nicht wieder herausgeben zu müssen. Hätte der Bereicherte nicht hierauf vertraut, so hätte er sich darauf eingerichtet, den Vermögensgegenstand wieder zurückgeben zu können. Er hätte es nicht zum Wegfall der Bereicherung kommen lassen. Der Vermögensgegenstand wäre noch da. Tatsächlich jedoch hat es der Begünstigte zum Wegfall der Bereicherung kommen lassen. Aufgrund des hieraus erwachsenen Wertersatzanspruchs des Bereichernden steht er vor der Notwendigkeit, Wertersatz leisten zu müssen. Der Vergleich beider Vermögenslagen fällt also dahin aus, daß in dem einen Fall der Vermögensgegenstand noch vorhanden wäre, also herausgegeben werden könnte, in dem anderen Fall hingegen Wertersatz zu leisten ist. Die Differenz beider Vermögenslagen liegt also in den Aufwendungen für den Wertersatz; sie stellen den Vertrauensschaden des Bereicherten dar. Dieser Schaden des Bereicherten entspricht seiner Höhe nach aber dem Wertersatzanspruch des Bereichernden. Beide Ansprüche heben sich also auf. So betrachtet, stellt mithin § 818 Abs. 3 BGB auch in den Fällen, in denen der Vermögensgegenstand nicht mehr vorhanden ist, nichts anderes dar, als das Ergebnis einer schon vom Gesetzgeber vollzogenen Verrechnung des Wertersatzanspruchs mit einem dem Bereicherten zustehenden Anspruch auf den Ersatz seines Vertrauensschadens (99).

Wir sehen jetzt deutlich, daß alle Begünstigenden der zweiten Gruppe, der Irrende, der falsus procurator nach § 179 Abs. 2 BGB und der gem. § 812 BGB ungerechtfertigt Bereichernde ihr ursprüngliches Verhalten zwar ex tunc ändern dürfen, daß sie jedoch verpflichtet bleiben, dem Begünstigten den Vertrauensschaden zu ersetzen, der ihm durch die Änderung des Verhaltens entsteht. Alle drei Regeln folgen mithin dem Vertrauensschadens-Prinzip.

Wo liegt der Grund, daß die Privatrechtsordnung an die Tatbestände der ersten Gruppe andere Rechtsfolgen knüpft als an die der zweiten Gruppe?

Gemeinsam ist den Tatbeständen der ersten Gruppe, daß sich die Begünstigenden der Mangelhaftigkeit ihres Verhaltens bewußt sind. Der falsus procurator nach § 179 Abs. 1 BGB weiß, daß er nicht bevollmächtigt ist, und der Bereichernde nach § 814 BGB weiß, daß der Rechtsgrund für die Bereicherung fehlt. Bei der zweiten Gruppe indessen sind sich die Begünstigenden der Mangelhaftigkeit ihres Verhaltens nicht bewußt. Der Irrende weiß nicht, daß er sich irrt, der falsus procurator nach § 179 Abs. 2 BGB weiß nicht, daß er nicht bevollmächtigt ist, und der Bereichernde nach § 812 BGB weiß nicht, daß der Rechtsgrund fehlt.

Damit drängt sich aber der Gedanke auf, auch die oben erörterten Regeln des öffentlichen Rechts in die beiden Gruppen einzuordnen. Beginnen wir mit § 9 Abs. 1 Nr. 2 BRRG (der Behörde ist bewußt, daß sie einen Unwürdigen ernennt). Nach der Tatbestands- und Rechtsfolgenseite fügt sich dieser Fall in die Tatbestände der ersten Gruppe. Die Behörde ist sich der Mangelhaftigkeit ihres Verhaltens bewußt. Sie darf die Ernennung nicht zurücknehmen, muß sich mithin an ihrem Verhalten festhalten lassen.

Alle anderen Tatbestände, § 213 RVO, § 9 Abs. 1 Nr. 2 BRRG (die Behörde hat nicht gewußt, daß sie einen Unwürdigen ernennt), § 185 AVAVG und § 41 VfG gehören dagegen in die zweite Gruppe.

Bei § 213 RVO ist dies am leichtesten zu erkennen. Zwar fehlt auf der Tatbestandsseite das Merkmal der unbewußten Mangelhaftigkeit des Verhaltens. Dies ist aber nicht entscheidend. Es kann angenommen werden, daß der Gesetzgeber auf dieses Tatbestandsmerkmal glaubte verzichten zu können, weil er aufgrund der Lebenserfahrung davon ausgehen durfte, daß eine Versicherungskasse, wenn sie drei Monate lang Versicherungsbeiträge unbeanstandet entgegennimmt, obwohl der Leistende weder versicherungspflichtig noch -berechtigt ist, dies nicht bewußt, sondern im Regelfall unbewußt tut. Hinsichtlich der Rechtsfolgenseite braucht hier nur an das oben im fünften Kapitel Gesagte erinnert zu werden. Dort fanden wir ebenso das Recht der Versicherungskasse, ihr Verhalten ex tunc ändern zu dürfen, wie den Anspruch des Begünstigten auf den Ersatz des Vertrauensschadens.

Spätestens hier zeigt sich etwas Überraschendes und zugleich Bemerkenswertes. Die Rechtsordnung unterwirft die bisher erörterten Regelungen der zweiten Gruppe einheitlich dem Vertrauensschadens-Prinzip. Sie macht dabei keinen Unterschied, ob das begünstigende Verhalten von einer Behörde, wie bei § 213 RVO und § 812 BGB, oder von einem Privaten, wie bei den §§ 119, 179 Abs. 2 und 812 BGB, ausgeht. Sie differenziert auch nicht zwischen einer bestimmten Verhaltensweise, wie sie die Willenserklärung des Irrenden und des falsus procurator darstellt, und einer relativ unbestimmten Verhaltensweise, wie sie in der Hingabe eines Vermögensgegenstandes oder der ungerechtfertigten Annahme von Versicherungsbeiträgen liegt. Schließlich unterscheidet die Rechtsordnung auch nicht, ob der Sinngehalt des begünstigenden Verhaltens in dem Versprechen liegt, künftig etwas zu tun, wie regelmäßig in den Tatbeständen der §§ 119, 179 Abs. 2 BGB und 213 RVO, oder darin, künftig etwas zu unterlassen, wie es in dem Tatbestand der ungerechtfertigten Bereicherung der Fall ist.

Soweit es sich bisher übersehen läßt, scheint die Rechtsordnung hier von folgendem Grundgedanken auszugehen: Sie hält es für unbillig, könnte der Begünstigte allein mit Rücksicht auf seine Interessen den Begünstigenden an dessen mangelbehafteten Verhalten festhalten, wenn dieser sich der Mangelhaftigkeit seines Verhaltens nicht bewußt war. Andererseits hält es die Rechtsordnung auch nicht für billig, würde der Begünstigende allein mit Rücksicht auf seine und ohne Rücksicht auf die Interessen des Begünstigten sein Verhalten unter Berufung auf dessen Mangelhaftigkeit ändern dürfen. Den Ausgleich der Interessen des Begünstigenden und des Begünstigten andererseits führt die Rechtsordnung dadurch herbei, daß sie dem Begünstigenden zwar erlaubt, sein Verhalten ex tunc zu ändern, ihn andererseits jedoch verpflichtet, dem Begünstigten dessen Vertrauensschaden zu ersetzen.

Aber setzen wir die Einordnung der noch nicht erörterten Tatbestände des öffentlichen Rechts fort.

Abgesehen von § 9 Abs. 1 Nr. 2 BRRG (die Behörde hat nicht gewußt, daß sie einen Unwürdigen ernennt) fehlt auch in § 185 AVAVG und in § 41 VfG auf der Tatbestandsseite die ausdrückliche Erwähnung des Merkmals der unbewußten Mangelhaftigkeit des Verhaltens. Indessen gilt hier das zu § 213 RVO Gesagte entsprechend.

Ebenso wie in den bisher erörterten Vorschriften finden wir aber auf der Rechtsfolgenseite auch hier das Recht des Begünstigenden, sein ursprüngliches Verhalten ex tunc ändern zu dürfen (100).

Wie steht es hier aber mit dem Anspruch des Begünstigten auf den Ersatz des Vertrauensschadens?

Betrachten wir zunächst § 9 Abs. 1 Nr. 2 (die Behörde hat nicht gewußt, daß sie einen Unwürdigen ernennt) in Verb. mit § 53 Abs. 2 BRRG. Ändert die Behörde ihr Verhalten, indem sie die Beamtenernennung ex tunc zurücknimmt, und erleidet der Beamte dadurch einen Schaden, da er darauf vertraut hat, daß es die Behörde künftig unterlassen werde, die ihm einmal gewährten Bezüge zurückzufordern, so hat der Beamte, wie uns die Analyse des § 818 Abs. 3 BGB gezeigt hat, einen auf den Ersatz dieses Schadens gerichteten Schadensersatzanspruch. Insoweit folgt die Regelung also ebenfalls dem Vertrauensschadens-Prinzip.

Widerspricht dies aber nicht der oben im vierten Kapitel getroffenen Feststellung, daß die hier infrage stehende Regelung dem Vergangenheits-Zukunfts-Prinzip folgt?

Führen wir uns noch einmal vor Augen, wie wir zu dieser Feststellung gelangt waren. Wir hatten § 9 Abs. 1 Nr. 2 (die Behörde hat nicht gewußt, daß sie einen Unwürdigen ernennt) in Verb. mit § 53 Abs. 2 BRRG vom Ergebnis und vom Regelfall her gesehen. Im Regelfall wird der Beamte im Zeitpunkt der Rücknahme der Ernennung nicht mehr bereichert sein, so daß es vom Ergebnis her tatsächlich so schien, als werde der unrechtmäßige Zustand für die Vergangenheit aufrechterhalten. Hätten wir die Regelung indessen nicht vom Ergebnis des Regelfalles her gesehen, so hätten wir berücksichtigt, daß die Behörde die Ernennung nicht ex nunc, sondern ex tunc zurücknehmen darf. Das hätte uns aber sogleich vor die Frage gestellt, wo der innere Grund liegt, daß der Beamte die gewährten Bezüge im Regelfall behalten darf, obwohl der rechtmäßige Zustand von Anfang an wieder hergestellt wird. Diese Frage können wir jetzt nach den inzwischen gewonnenen Einsichten mühelos beantworten. Der innere Grund liegt im Vertrauensschadens-Prinzip. Die Behörde darf die Ernennung zwar ex tunc zurücknehmen, sie muß dem Beamten jedoch dessen Vertrauensschaden jedenfalls insoweit ersetzen, als er darauf vertraut hat, daß es die Behörde künftig unterlassen werde, die einmal gezahlten Bezüge wieder zurückzufordern. Im Regelfall erreicht dieser Vertrauensschaden zwar die Höhe des Bestandsinteresses mit der Folge, daß der Rückforderungsanspruch durch Verrechnung in Wegfall gerät. Ist der Beamte indessen ausnahmsweise noch bereichert und ist ihm infolgedessen ein Vertrauensschaden nur teilweise oder gar nicht entstanden, so bleibt die Behörde insoweit zur Rückforderung berechtigt.

Das eben im Hinblick auf § 9 Abs. 1 Nr. 2 (die Behörde hat nicht gewußt, daß sie einen Unwürdigen ernennt) in Verb. mit § 53 Abs. 2 BRRG Gesagte trifft gleichermaßen aber auch auf § 41 Abs. 1 in Verb. mit § 47 Abs. 3 VtG und § 185 Abs. 1 und 2 AVAVG zu, denn auch hier darf die Behörde ihr Verhalten ex tunc ändern. Allerdings besteht insoweit ein Unterschied, als die Vernachlässigung des Ausnahmefalles, deren wir uns bei der Rücknahme der Beamtenernennung schuldig gemacht hatten, hier vom Gesetzgeber vorgenommen worden ist. Dieser durfte nach der Lebenserfahrung aber auch davon ausgehen, daß der Versorgungsempfänger und der Arbeitslose, anders als der

Beamte, im Zeitpunkt der Änderung des begünstigenden Verhaltens nicht nur im Regel-, sondern wohl in keinem Fall mehr bereichert sein werden.

Jetzt zeigt sich in noch viel weitergehendem Maße, daß unsere schon oben am Schluß des fünften Kapitels geäußerte Vermutung richtig war. Das Vergangenheits-Zukunfts-Prinzip ist nicht nur mit dem Vertrauensschadens-Prinzip verwandt, Vergangenheits-Zukunfts-Prinzip und Vertrauensschadens-Prinzip sind sogar miteinander identisch.

Gehorchen aber alle drei Regelungen in Wahrheit dem Vertrauensschadens-Prinzip, dann erhebt sich die Frage, warum dem Begünstigten ein auf den Ersatz seines Vertrauensschadens gerichteter Schadensersatzanspruch nur insoweit zusteht, als er darauf vertraut hat, daß die Behörde es künftig unterlassen werde, das einmal Gewährte wieder herauszuverlangen; und warum ihm dagegen ein solcher Anspruch versagt bleibt, wenn er darauf vertraut hat, daß die Behörde künftig das tun, unterlassen oder dulden werde, was sie nach dem Inhalt der Beamtenernennung, des Versorgungsbescheides oder des Bewilligungsbescheides des Arbeitsamtes versprochen hat.

Lassen sich einleuchtende Gründe für dieses unterschiedliche Ergebnis finden?

Versuchen wir, diese Frage zunächst an Hand der Regelung des § 9 Abs. 1 Nr. 2 (die Behörde hat nicht gewußt, daß sie einen Unwürdigen ernennt) in Verb. mit § 53 Abs. 2 BRRG zu beantworten.

Man könnte denken, dieses Ergebnis erkläre sich daraus, daß der Beamte durch die Gewährung der Bezüge eine „reale" Besitzstellung erlangt hat, die es rechtfertigt, sein Vertrauen als besonders schutzwürdig anzusehen, wohingegen das Vertrauen in etwas „Ideelles", nur Gedachtes, wie es der Inhalt der Beamtenernennung ist, weniger Schutz verdient. Näherer Nachprüfung hält dieser Gedanke indessen nicht stand. Zwar erlangt der ungerechtfertigt bereicherte Beamte aufgrund seiner „realen" Besitzstellung einen gewissen prozeßrechtlichen Vorteil, wenn er über oder im Hinblick auf die erlangten Bezüge disponiert. Denn der ihm infolge seiner Dispositionen zuwachsende Schadensersatzanspruch verrechnet sich, wie wir wissen, von selbst mit dem Rückforderungsanspruch der Behörde. Es liegt hier also noch weitergehender als bei der Aufrechnung eine Art außergerichtlicher Selbstbefriedigung vor (101). Zu billigende materiell-rechtliche Vorteile hingegen kann der Beamte aus seiner „realen" Besitzstellung nicht herleiten. Denn die Rechtsordnung schützt das Vertrauen in eine „ideelle" Rechtsposition ebenso wie das Vertrauen in eine „reale". Das zeigt ein Vergleich zwischen § 119 in Verb. mit § 122, § 179 Abs. 2 BGB und § 213 RVO einerseits und § 812 in Verb. mit § 818 Abs. 3 BGB andererseits sehr deutlich.

Man könnte weiter meinen, daß sich die unterschiedliche Rechtsfolge daraus ergibt, daß in dem einen Tatbestand zu der Beamtenernennung noch die Hingabe der Bezüge kommt, so daß hier gleichsam zwei Vertrauensgrundlagen hintereinanderliegen, die sich gegenseitig verstärken und aus diesem Grunde auch einen stärkeren Schutz des Beamten rechtfertigen. Aber auch dieser Gedanke hält genauerer Nachprüfung nicht stand. Denn mit der Gewährung von Bezügen erlischt jedesmal ein kleines Stückchen der in der Beamtenernennung liegenden Vertrauensgrundlage mit der Folge, daß diese immer kleiner wird, je mehr sie sich dem Ende des Beamtenlebens nähert. Jeweils an die Stelle dieses kleinen wegfallenden Stückchens tritt die Hingabe der Bezüge und damit eine ganz neue Vertrauensgrundlage. Sie hängt zwar insoweit noch mit der Beamtenernennung zusammen, als sie durch deren Rücknahme zu einer mangelbehafteten wird. Im übrigen ist sie aber ganz und gar selbständig und hat auch einen sich aus der Natur der Sache ergebenden neuen Inhalt. Während vor der Gewährung die Beamtenernennung versprach, künftig Bezüge zu zahlen, verspricht diese neue Vertrauensgrundlage, es künftig zu unterlassen, das Gewährte wieder zurückzufordern, so daß von zwei hintereinanderliegenden und sich verstärkenden Vertrauensgrundlagen nicht die Rede sein kann.

Man könnte schließlich denken, daß das unterschiedliche Ergebnis vielleicht in dem zwischen dem Staat und dem Beamten bestehenden besonderen Gewaltverhältnis seine Erklärung findet. Vergleichen wir indessen die hier infrage stehende Regelung mit § 213 RVO, so zeigt sich folgendes: Wenn schon ein so verhältnismäßig unbestimmtes Verhalten einer Behörde, wie es die drei Monate währende Annahme nicht geschuldeter Versicherungsbeiträge darstellt, von der Rechtsordnung als rechtlich relevante Vertrauensgrundlage angesehen wird, die bei ihrem späteren Wegfall einen auf den Ersatz des Vertrauensschadensinteresses gerichteten Schadensersatzanspruch auslöst, so muß diese Rechtsfolge erst recht bei der Rücknahme einer Beamtenernennung eintreten. Gerade das besondere Gewaltverhältnis zwischen dem Staat und dem Beamten hat auch und nicht zuletzt den Schutz des Beamten zum Inhalt. Die Tatsache, daß die Ernennungsbehörde, wie wir wissen, ihre Ernennung nicht zurücknehmen darf, wenn sie bewußt einen Unwürdigen zum Beamten ernennt, zeigt dies besonders eindringlich. Schließlich ist die Beamtenernennung aber auch nicht nur im Vergleich mit § 213 RVO, sondern auch im Hinblick auf alle anderen uns bekannten mangelbehafteten Vertrauensgrundlagen der zweiten Gruppe (§§ 812, 179 Abs. 2 und 119 BGB) diejenige, auf die man am festesten sollte bauen können, zumal sie einen Status verleiht und nur unter Beachtung strenger Förmlichkeiten, wie der Aushändigung einer Urkunde, zustande kommt.

Wenn aber auch das zwischen dem Staat und dem Beamten bestehende besondere Gewaltverhältnis keine plausible Erklärung dafür hergibt, daß dem Beamten ein Vertrauensschaden nur insoweit ersetzt wird, als er darauf vertraut hat, daß es die Behörde künftig unterlassen werde, die einmal gewährten Bezüge wieder zurückzufordern, nicht aber insoweit, als die Dispositionen des Beamten den künftigen Bestand der Beamtenernennung selbst zum Ausgangspunkt hatten, dann drängt sich der Gedanke auf, daß hier eine vom Richter auszufüllende Lücke des Gesetzes vorliegt.

Von einer Gesetzeslücke muß gesprochen werden, wenn eine Regel fehlt, deren Vorhandensein nach dem Grundgedanken und der immanenten Teleologie der gesetzlichen Regelung erwartet werden kann. Dabei darf der Begriff der „immanenten Teleologie" des Gesetzes nicht zu eng verstanden werden. Nicht nur die Absichten und bewußt getroffenen Entscheidungen des Gesetzgebers sind zu berücksichtigen, sondern auch objektive Grundsätze, denen das Gesetz im allgemeinen Rechnung trägt. Wenn das Gesetz daher einen Sachverhalt in einer bestimmten Weise geregelt hat und diesem Sachverhalt ein anderer in solcher Weise gleicht, daß für die rechtliche Wertung offenbar kein Unterschied zu machen ist, dann fordert es der jeder Rechtsordnung immanente Gerechtigkeitsgrundsatz, Gleichartiges gleich zu behandeln, den einen Fall ebenso zu regeln wie den anderen. Ist dies nicht der Fall, so liegt eine auszufüllende Lücke des Gesetzes vor (102).

Das Gesetz hat aber nicht nur eine Lücke, wenn es überhaupt keine Entscheidung für einen bestimmten Lebenssachverhalt trifft – hier spricht man von einer eigentlichen Gesetzeslücke –, sondern auch dann, wenn die Entscheidung aus einer positiven Vorschrift mit den Richtigkeitsgedanken der rechtspolitischen Zwecksetzung in der als Einheit gesehenen Gesamtrechtsordnung nicht im Einklang stände. Das Reichsgericht spricht hier von aufbauwidrigen Lücken und Unvollkommenheiten der gesetzlichen Regelung (103), Bartholomeyczik von einer uneigentlichen Gesetzeslücke (104). Führt die Analogie bei eigentlichen Lücken zur Ergänzung eines lückenhaften Gesetzes, so führt sie bei uneigentlichen Lücken zur Verbesserung eines unrichtigen Gesetzes. Beide Fälle sind allerdings nicht immer rein voneinander zu scheiden und gehen oft ineinander über (105).

Liegt eine solche Gesetzeslücke vor, wenn dem Beamten zwar ein Anspruch auf Ersatz seines Vertrauensinteresses zusteht, insoweit er auf den Bestand der in der Hingabe der Bezüge liegenden Vertrauensgrundlage vertraut, nicht aber, wenn sich sein Vertrauen auf die in der Beamtenernennung selbst liegende Vertrauensgrundlage gestützt hat?

Beide Sachverhalte spiegeln den Interessenkonflikt unseres dritten Grundtatbestandes wider. Beide Fälle gleichen also einander auf der Tatbestandsseite. In beiden Fällen liegt ein mangelbehaftetes begünstigendes Verhalten einer Behörde vor. Daß es für die rechtliche Wertung keinen Unterschied macht, daß das Verhalten in dem Fall der Beamtenernennung ein bestimmtes, in dem der Hingabe der Bezüge ein relativ unbestimmtes ist, hatten wir schon früher gesehen (106). Ebenso ist es, wie wir wissen, für die rechtliche Wertung ohne Belang, daß in dem einen Fall regelmäßig ein künftiges Tun versprochen wird, in dem anderen hingegen ein künftiges Unterlassen. Beide Sachverhalte lösen auch insoweit dieselbe Rechtsfolge aus, als die Behörde ihr Verhalten unter Berufung auf dessen Mangelhaftigkeit ex tunc ändern darf. Bis dahin beurteilt das Gesetz also beide Fälle nach dem dem Vertrauensschadens-Prinzip immanenten Richtigkeitsgedanken. Diesen Richtigkeitsgedanken führt es aber nur im Hinblick auf den einen Fall zu Ende, indem es die Erlaubnis zur ex-tunc-Änderung mit der Pflicht zum Ersatz des Vertrauensschadens verknüpft und auf diese Weise einen Ausgleich zwischen den Interessen der Behörde und denen des Beamten herbeiführt. Wenn das Gesetz in dem anderen Fall, in dem der Beamte auf den künftigen Bestand der Beamtenernennung vertraut hat, der Behörde zwar erlaubt, ihr Verhalten ex tunc zu ändern, dem Beamten jedoch durch Schweigen den Anspruch auf Ersatz seines Vertrauensschadens versagt, dann führt es nicht nur seinen eigenen Richtigkeitsgedanken nicht zu Ende, sondern es verfehlt auch die sich aus der gesamten Rechtsordnung ergebende rechtspolitische Zielsetzung nach einem verständigen Ausgleich zwischen den Interessen eines Begünstigenden, der sich der Mangelhaftigkeit seines Verhaltens nicht bewußt war, und denen des Begünstigten auf der anderen Seite. Die Regelung des § 9 Abs. 1 Nr. 2 BRRG ist also unvollkommen. Es liegt mithin eine aufbauwidrige Lücke des Gesetzes vor. Schließen wir sie, so hat die Behörde, die eine Beamtenernennung gem. § 9 Abs. 1 Nr. 2 BRRG zurücknimmt, dem Beamten dessen Vertrauensschaden schlechthin zu ersetzen.

All das eben zu § 9 Abs. 1 Nr. 2 (die Behörde hat nicht gewußt, daß sie einen Unwürdigen ernennt) in Verb. mit § 53 Abs. 2 BRRG Gesagte gilt entsprechend auch für die Regelungen des § 41 Abs. 1 in Verb. mit § 47 Abs. 3 VfG und des § 185 AVAVG.

Allerdings muß hier sofort einem vielleicht aufkommenden Mißverständnis entgegengewirkt werden. Die eben getroffenen Feststellungen haben im Hinblick auf die Rücknahme der Beamtenernennung und des Bewilligungsbescheides des Arbeitsamtes nur theoretische Bedeutung. Praktische Bedeutung gewinnen sie nur bei der Rücknahme eines Versorgungsbescheides. Das liegt daran, daß der Bewilligungsbescheid des Arbeitsamtes wohl stets mit der Auszahlung der Arbeitslosenunterstützung Hand in Hand geht, so daß das ihm innewohnende Versprechen, künftig etwas zu leisten, meist durch Erfüllung sogleich auch wieder erlöschen wird. Bei der Rücknahme der Beamtenernennung indessen wird die

Verpflichtung zum Ersatz des Vertrauensschadens wohl aus Gründen nie praktisch werden, die in dem Verhalten des unwürdigen Beamten liegen. Dies wird allerdings erst weiter unten deutlich werden (107).

Langsam wird nun sichtbar, wie die Rechtsordnung den unserem dritten Grundtatbestand innewohnenden Interessenkonflikt entscheidet und von welchen allgemeinen Rechtsgedanken sie sich dabei leiten läßt.

Bevor wir sie formulieren, wollen wir aber noch die Frage zu beantworten versuchen, worin die Mangelhaftigkeit aller von uns untersuchten Begünstigungen im Kern besteht.

Was ist allen Begünstigenden gemeinsam? Zunächst entsteht der Eindruck, als handelten alle ihren Interessen zuwider. Dies gilt für den Irrenden, den falsus procurator, den ungerechtfertigt Bereichernden, die Versicherungskasse, die Ernennungsbehörde, das Arbeitsamt und das Versorgungsamt gleichermaßen. Handeln aber auch die Begünstigenden der ersten Gruppe interessenwidrig? Wir werden schlecht sagen können, daß der bewußte falsus procurator, der bewußt ungerechtfertigt Bereichernde und die bewußt einen Unwürdigen zum Beamten ernennende Behörde ihren Interessen zuwider handeln, wo sie doch alle die volle Tragweite ihres Verhaltens übersehen. Gleichwohl wollen wir den Gedanken der Interessenwidrigkeit nicht fallen lassen, sondern fragen, worin sie denn bei der bewußt handelnden Ernennungsbehörde liegt. Die bewußt handelnde Ernennungsbehörde handelt zwar ihren eigenen Interessen gemäß. Handelt sie aber auch im Allgemeininteresse, wenn sie einen Unwürdigen zum Beamten ernennt? Keineswegs, denn es liegt im Allgemeininteresse, daß nur würdige Staatsbürger zum Beamten ernannt werden. Die Allgemeinheit oder einer ihrer typischen Vertreter, ein verständiger, die Sach- und Rechtslage objektiv beurteilender Mensch würde so nicht handeln, wie die bewußte Ernennungsbehörde gehandelt hat. Treffen diese Merkmale aber nicht auch auf den bewußten falsus procurator und den bewußt ungerechtfertigt Bereichernden zu? Würde sich denn ein besonnener, die Interessenlage objektiv beurteilender Mensch als Vertreter gerieren, obwohl er keine Vertretungsmacht besitzt? Und würde ein verständiger, die Interessenlage objektiv beurteilender Mensch einen anderen bereichern, wenn der Rechtsgrund fehlt? Und gilt dies, was eben für die genannten drei Begünstigenden gesagt wurde, nicht auch für alle anderen, die Versicherungskasse, das Arbeitsamt und das Versorgungsamt? Und gilt es nicht auch für den Irrenden, der sein Verhalten nur ändern darf, wenn er sich bei Kenntnis der Sachlage und bei verständiger Würdigung des Falles so nicht verhalten hätte, wie er sich verhalten hat? Handeln sie nicht alle wie ein verständiger, die Sach- und Rechtslage objektiv beurteilender Mensch nicht handeln würde? Handeln nicht alle objektiv unverständig, nur mit dem Unterschied, daß es die Begünstigenden der ersten Gruppe bewußt, die der zweiten Gruppe hingegen unbewußt tun?

Es verhält sich in der Tat so. – Damit ist aber folgendes offenbar geworden:

Die Rechtsordnung geht hinsichtlich der Sachverhalte der zweiten Gruppe von der Anschauung aus, daß es unbillig wäre, könnte der Begünstigte allein mit Rücksicht auf seine Interessen den Begünstigenden an dessen Verhalten festhalten, wenn dieser sich bei der Beurteilung der Sach- und Rechtslage objektiv unverständig verhalten hat, weil er sich der Unverständigkeit seines Verhaltens nicht bewußt war. Dahinter steht der Gedanke, daß niemand aus dem unbewußten Mißgriff eines anderen Vorteile ziehen soll (108).

Andererseits hält es die Rechtsordnung aber auch nicht für billig, würde der Begünstigende allein mit Rücksicht auf seine und ohne Rücksicht auf die Interessen des Begünstigten sein Verhalten ändern dürfen. Hier geht die Rechtsordnung von dem Gedanken aus, daß derjenige, der unbewußt eine Vertrauensgrundlage schafft, sich dieses in seine Sphäre fallende Verhalten auch dann zurechnen lassen muß, wenn ihn kein Verschulden trifft. Denn die Rechtsordnung fordert, daß sich jeder am Rechtsverkehr Beteiligte seines Verhaltens bewußt sein soll (109).

Den Ausgleich der Interessen des Begünstigenden und des Vertrauenden andererseits führt die Rechtsordnung dadurch herbei, daß sie zwar dem Begünstigenden erlaubt, sein Verhalten ex tunc zu ändern, ihn zugleich aber zum Ersatz des Schadens verpflichtet, der dem Begünstigten dadurch entsteht, daß er auf den Bestand des Verhaltens des Begünstigenden vertraut hat. Hinter diesem Interessenausgleich steht mithin der Grundsatz, daß der Begünstigte zwar aus dem Mißgeschick des Begünstigenden keine Vorteile ziehen soll, daß ihm aber hieraus auch keine Nachteile erwachsen dürfen, da der unbewußte Mißgriff eine Folge dessen ist, daß sich der Begünstigende nicht, wie es der Rechtsverkehr fordert, bewußt verhalten hat (110).

Ist sich der Begünstigende hingegen – wie in den Sachverhalten der ersten Gruppe – seines objektiv unverständigen Verhaltens bewußt, so sieht es die Rechtsordnung als billig an, wenn die Interessen des Begünstigenden ohne Schutz bleiben und allein die Interessen des Begünstigten geschützt werden. Diesen Schutz führt die Rechtsordnung dadurch herbei, daß sie dem Begünstigten erlaubt, den Begünstigenden an dessen Verhalten festzuhalten. Dahinter steht der Grundsatz, daß derjenige keinen Schutz verdient, der sich im Rechtsverkehr objektiv unverständig verhält und dies mit vollem Bewußtsein tut.

Daß sich der Begünstigende, der sich objektiv verständig verhält, an seinem Verhalten festhalten lassen muß und daß die Rechtsordnung hier von dem Grundsatz des venire contra factum proprium (nulli conceditur) ausgeht, liegt auf der Hand. Wenn wir es erwähnen, dann geschieht das nur, um uns daran zu erinnern, daß die Rechtsordnung zwei – und nur diese zwei – Grade des Vertrauensschutzes kennt.

Einmal den vollen Vertrauensschutz, der dem Begünstigten alle Vorteile aus dem Verhalten des Begünstigenden sichert. Dies erreicht die Rechtsordnung dadurch, daß sie dem Begünstigten einen Anspruch auf den Bestand des begünstigenden Verhaltens gewährt, indem sie ihm erlaubt, den Begünstigenden an seinem Verhalten festzuhalten.

Daneben kennt die Rechtsordnung den minderen Vertrauensschutz, der dem Begünstigten zwar alle Vorteile aus dem Verhalten des Begünstigenden vorenthält, ihn aber zugleich vor allen Nachteilen schützt, die ihm dadurch erwachsen, daß er auf den Bestand des begünstigenden Verhaltens vertraut hat.

Jetzt sind wir soweit vorgedrungen, daß wir den ersten Teil des allgemeinen Rechtsgedankens, dem unsere bisherige Suche galt, bloßgelegt haben.

Wir wollen diesen Rechtsgedanken, der die gesamte Rechtsordnung beherrscht, das Vertrauensschutz-Prinzip nennen und es folgendermaßen fassen:

1. Jeder muß sich an seinem begünstigenden Verhalten festhalten lassen.
2. Das gilt selbst dann, wenn sich der Begünstigende objektiv unverständig verhalten hat und sich dessen bewußt war.
3. War sich der Begünstigende nicht bewußt, daß er sich objektiv unverständig verhält, so darf er zwar sein Verhalten ex tunc ändern, er muß dem Begünstigten jedoch dessen Vertrauensschaden ersetzen.

4. Ein objektiv unverständiges begünstigendes Verhalten liegt vor, wenn anzunehmen ist, daß ein besonnener Mensch, der die Sach- und Rechtslage in vollem Umfange übersieht, sich so nicht verhalten hätte, wie sich der Begünstigende verhalten hat.

## VIII.

## *Das ganze Vertrauensschutz-Prinzip*

Das Vertrauensschutz-Prinzip bedarf jedoch noch der Ergänzung. Es liegt auf der Hand, daß dem Begünstigten nur dann Vertrauensschutz im weiteren Sinne – also das Bestands- und Vertrauensinteresse umfassend – zu gewähren ist, wenn sein Vertrauen diesen Schutz auch verdient. Die Gewährung und der Grad des zu gewährenden Vertrauensschutzes sind mithin auch von dem Verhalten des Begünstigten abhängig. Die Frage, wie sich dieses Verhalten auswirkt, hatten wir bisher unbeantwortet gelassen; ihr wollen wir uns jetzt stellen.

Es liegt nahe, hinsichtlich der Rechtsfolgen danach zu differenzieren, ob der Begünstigte wußte, daß sich der Begünstigende objektiv unverständig verhalten hat oder ob er dies bei Anwendung der im Rechtsverkehr erforderlichen Sorgfalt hätte wissen müssen. Im ersten Fall hat der Begünstigte nicht vertraut, im zweiten durfte er nicht vertrauen. Und in der Tat verfährt die Rechtsordnung auch so. Allerdings zeigt sich im einzelnen zunächst ein etwas verwirrendes Bild.

Den Fall, in dem sich beide, der Begünstigende und der Begünstigte, der objektiven Unverständigkeit der Begünstigung bewußt waren, hat die Rechtsordnung in § 814 BGB und in § 9 Abs. 1 Nr. 2 BRRG (die Behörde hat gewußt, daß sie einen Unwürdigen ernennt) dahin entschieden, daß sich der Begünstigende an seinem Verhalten festhalten lassen muß (111). Hingegen hat sie den Fall in § 179 Abs. 3 Satz 1 BGB anders entschieden. Hier darf der Begünstigende sein Verhalten ohne Rücksicht auf die Interessen des Begünstigten ändern; dieser hat weder einen Anspruch auf den vollen noch auf den minderen Vertrauensschutz.

Es hat also zunächst den Anschein, als beurteilte hier die Rechtsordnung denselben Interessenkonflikt unterschiedlich. Doch dieser Schein trügt. Sehen wir beide Normenreihen, § 814 BGB und § 9 Abs. 1 Nr. 2 BRRG (die Behörde hat gewußt, daß sie einen Unwürdigen ernennt) einerseits und § 179 Abs. 3 Satz 1 BGB andererseits auf dem Hintergrund eines allgemeinen Rechtsgedankens, der den Beteiligten den „materiellen" Rechtsschutz versagt, wenn sie sich beiderseits bewußt objektiv unverständig verhalten haben, so löst sich der zwischen beiden Normenreihen bestehende Widerspruch auf. Wir sehen dann, daß die Rechtsordnung hier jedem Interesse an einer Änderung der tatsächlichen Verhältnisse ihren Schutz versagt, so daß es im Falle des Streites beim tatsächlichen Besitzstand, beim Status quo verbleibt. Schon gewährte Leistungen können nicht zurückgefordert, Verbindlichkeiten brauchen nicht erfüllt zu werden. So verbleibt es gemäß § 814 BGB bei der rechtsgrundlosen Leistung und § 9 Abs. 1 Nr. 2 BRRG (die Behörde hat gewußt, daß sie einen Unwürdigen ernennt) gemäß beim einmal verliehenen Beamtenstatus. Und ebenso beläßt es § 179 Abs. 3 Satz 1 BGB beim Status quo, wenn er Ansprüche nicht entstehen läßt (112).

Daß sich die Rechtsordnung hier ähnlich versagt, wie z. B. auch in den §§ 762 und 817 BGB, mag man bedauern, besonders, wenn man an die zunächst unbillig erscheinende Rechtsfolge denkt, die jeweils den Vorleistenden trifft (113). Man mag sogar ein solches Sichversagen für rechtspolitisch verfehlt halten (114). Indessen ist der Gedanke, es in gewissen Fällen bei den bestehenden Verhältnissen zu belassen, so unrichtig nicht. Im Grunde handelt es sich um eine Selbstbeschränkung der Rechtsordnung, die letzten Endes vernünftig ist (115). In den in Frage stehenden Tatbeständen verhalten sich die Beteiligten in vollem Bewußtsein in so hohem Maße töricht, daß es richtig ist, wenn die Rechtsordnung, ohne lange nach materieller Gerechtigkeit zu fragen, den Streit kurzer Hand in der Weise beendet, daß sie die Beteiligten auf der Grundlage des Status quo zum Frieden verpflichtet. Das ist keine Strafe für die Beteiligten, sondern nur die Konsequenz ihres eigenen, bewußt objektiv unverständigen Tuns (116), mit dem sie gleichsam jeden Anspruch auf materiellen Rechtsschutz verwirkt haben.

Demgemäß haben wir die Nr. 2 des Vertrauensschutz-Prinzips um den folgenden zweiten Absatz zu ergänzen:

> Kannte auch der Begünstigte die objektive Unverständigkeit des Verhaltens, so verbleibt es beim Status quo; gewährte Leistungen können nicht zurückgefordert, Verbindlichkeiten brauchen nicht erfüllt zu werden.

Den Fall, in dem einem bewußt objektiv unverständigen Verhalten des Begünstigenden Fahrlässigkeit des Begünstigten gegenübersteht, so daß der Begünstigte zwar vertraut hat, aber nicht vertrauen durfte, beurteilt die Rechtsordnung in § 814 BGB und § 9 Abs. 1 Nr. 2 BRRG (die Behörde hat gewußt, daß sie einen Unwürdigen ernennt) so, daß der Begünstigte den Begünstigenden an dessen Verhalten festhalten darf. Gemäß § 179 Abs. 3 Satz 1 BGB indessen darf der Begünstigende sein Verhalten ohne Rücksicht auf die Interessen des Begünstigten ändern, obwohl diesen nur Fahrlässigkeit trifft.

Anders als in dem zuerst erörterten Fall hält hier die Rechtsordnung keine Regel bereit, die den Widerspruch beider Normenreihen auflösen konnte. Es ist daher zu fragen, ob sich der Rechtsordnung nicht eine allgemeine Regel entnehmen läßt, die die Frage beantwortet, wie sich ein Verschulden des Begünstigten auf seinen Vertrauensschutz auswirkt. Hier bietet sich der dem § 254 BGB zugrunde liegende Rechtsgedanke an.

Zwar ist § 254 BGB nach herrschender Meinung auf die von uns erörterten Tatbestände, insbesondere auf die §§ 122, 179 und 812 ff BGB nicht anzuwenden (117). Dem ist auch zuzustimmen. Ist es aber richtig, wenn gesagt wird, die Anwendung des § 254 BGB scheitere, weil er auf die erwähnten Tatbestände nicht passe (118)?

Zwar haftet der Begünstigende, der sich der objektiven Unverständigkeit seines Verhaltens nicht bewußt war, auch ohne Verschulden, mithin nach dem Gewährleistungsprinzip. Aber weder der Wortlaut noch der Sinn des § 254 BGB fordert ein Verschulden auf beiden Seiten. Die Vorschrift behandelt allein die Frage, wie sich ein Verschulden des Geschädigten auf die Verpflichtung eines anderen zum Schadensersatz auswirkt. Die Tatsache, daß der Begünstigende auch ohne Verschulden haftet, steht der Anwendung des § 254 BGB also nicht entgegen, zumal die Vorschrift dem Kriterium der Verursachung mitentscheidende Bedeutung beimißt (119).

Man kann aber auch nicht sagen, § 254 BGB passe nicht, weil der Begünstigende, wie es zunächst scheint, nur Schadensersatz zu leisten hat, wenn er sich der objektiven Unverständigkeit seines Verhaltens nicht bewußt war, wohingegen er sich bei bewußter Unverständigkeit an seinem Verhalten festhalten lassen muß. Hier gilt es nur, sich der Einsicht nicht zu verschließen, daß das Nicht-änderndürfen eines begünstigenden Verhaltens nichts anderes darstellt als eine sich aus der Eigenart des Vertrauensschadens im weiteren Sinne ergebende besondere Form einer von der Rechtsordnung vorweggenommenen Naturalrestitution (120). Dadurch, daß der Begünstigende sich festhalten lassen muß, also sein Verhalten nicht ändern darf, kann auf seiten des Begünstigten ein wie auch immer gearteter Vertrauensschaden gar nicht entstehen; jeder Schaden wird von ihm a limine ferngehalten.

§ 254 BGB paßt also durchaus auf die von uns erörterten Tatbestände. Wenn dennoch die herrschende Meinung die Anwendung dieser Regel z. B. auf die Tatbestände der §§ 122, 179 und 812 ff BGB ablehnt, dann allein deshalb zu Recht, weil der Interessenkonflikt hier speziell entschieden worden ist, während § 254 BGB die allgemeinere Entscheidung trifft. Die Anwendung des § 254 BGB scheitert also an dem Satz lex specialis derogat legi generali (121).

Damit ist aber zugleich auch gesagt, daß wir § 254 BGB für die Gewinnung eines allgemeinen Rechtsgedankens und somit für die Ergänzung des Vertrauensschutz-Prinzips nutzbar machen dürfen.

Wir haben demgemäß der Nr. 2 des Prinzips den dritten Absatz anzufügen:

> Kannte der Begünstigte die objektive Unverständigkeit infolge von Fahrlässigkeit nicht, so hängt sein Anspruch, den Begünstigenden festhalten zu dürfen, von den Umständen, insbesondere davon ab, inwieweit der sich bei einer Änderung des Verhaltens für ihn ergebende Schaden vorwiegend von ihm selbst oder vom Begünstigenden verursacht sein würde.

Den Fall jedoch, in dem sich der Begünstigende der objektiven Unverständigkeit seines Verhaltens nicht bewußt war, während sie der Begünstigte kannte, hat die Rechtsordnung einheitlich entschieden. Sie versagt hier dem Begünstigten, der wegen seiner Kenntnis auch nicht vertraut hat, durchweg jeden Schutz; der Begünstigende darf sein Verhalten ändern, ohne dem Begünstigten den Vertrauensschaden ersetzen zu müssen. Dies ergibt sich aus § 47 Abs. 3 VfG, § 185 Abs. 2 AVAVG, § 53 Abs. 2 BRRG in Verb. mit § 819 Abs. 1 BGB, § 213 RVO, § 122 Abs. 2 BGB, § 179 Abs. 3 Satz 1 BGB und § 819 Abs. 1 BGB. Demgemäß haben wir die Nr. 3 des Vertrauensschutz-Prinzips um den folgenden zweiten Absatz zu ergänzen:

> Der Anspruch auf den Ersatz des Vertrauensschadens entfällt, wenn der Begünstigte die objektive Unverständigkeit des Verhaltens kannte.

Schließlich bleibt noch zu fragen, wie die Rechtsordnung den Fall entschieden hat, in dem einem unbewußt objektiv unverständigen Verhalten Fahrlässigkeit des Begünstigten gegenübersteht. Hier ist das Bild am verwirrendsten. § 47 Abs. 3 VfG, § 213 RVO und § 819 Abs. 1 BGB gemäß darf der Begünstigende zwar sein Verhalten ändern; er muß jedoch dem Begünstigten dessen Vertrauensschaden ersetzen, und zwar auch dann, wenn dieser grob fahrlässig vertraut hat. Indessen versagen § 185 Abs. 2 AVAVG, § 53 Abs. 2 BRRG in Verb. mit § 818 Abs. 3 BGB, § 122 Abs. 2 BGB und § 179 Abs. 3 Satz 1 BGB bei grober Fahrlässigkeit den Anspruch auf den Vertrauensschaden. Hingegen hat der Begünstigte diesen Anspruch gemäß § 53 Abs. 2 BRRG in Verb. mit § 818 Abs. 3 BGB, § 213 RVO und § 819 Abs. 1 BGB bei leichter Fahrlässigkeit; gemäß § 185 Abs. 2 AVAVG, § 122 Abs. 2 BGB und § 179 Abs. 3 Satz 1 BGB hat er ihn indessen bei leichter Fahrlässigkeit nicht. Angesichts dieser Unterschiede müssen wir uns wiederum den Grundgedanken des § 254 BGB nutzbar machen. Das oben zum zweiten Fall Gesagte gilt also hier entsprechend.

Demgemäß haben wir der Nr. 3 des Prinzips den folgenden dritten Absatz hinzuzufügen:

> Kannte sie der Begünstigte infolge von Fahrlässigkeit nicht, so gilt für den Anspruch auf den Ersatz des Vertrauensschadens Nr. 2 Abs. 3 entsprechend.

Fassen wir alles zusammen, so halten wir nunmehr gleichsam als eine Konkretisierung des venire contra factum proprium (nulli conceditur) das ganze de lege lata geltende (122) Vertrauensschutz-Prinzip in der Hand.

1. Jeder muß sich an seinem begünstigenden Verhalten festhalten lassen.
2. (1) Das gilt selbst dann, wenn sich der Begünstigende objektiv unverständig verhalten hat und sich dessen bewußt war.

   (2) Kannte auch der Begünstigte die objektive Unverständigkeit des Verhaltens, so verbleibt es beim Status quo; gewährte Leistungen können nicht zurückgefordert, Verbindlichkeiten brauchen nicht erfüllt zu werden.

   (3) Kannte der Begünstigte die objektive Unverständigkeit infolge von Fahrlässigkeit nicht, so hängt sein Anspruch, den Begünstigenden festhalten zu dürfen, von den Umständen, insbesondere davon ab, inwieweit der sich bei einer Änderung des Verhaltens für ihn ergebende Schaden vorwiegend von ihm selbst oder vom Begünstigenden verursacht sein würde.
3. (1) War sich der Begünstigende nicht bewußt, daß er sich objektiv unverständig verhält, so darf er zwar sein Verhalten ex tunc ändern, er muß dem Begünstigten jedoch dessen Vertrauensschaden ersetzen.

   (2) Der Anspruch auf den Ersatz des Vertrauensschadens entfällt, wenn der Begünstigte die objektive Unverständigkeit des Verhaltens kannte.

   (3) Kannte sie der Begünstigte infolge von Fahrlässigkeit nicht, so gilt für den Anspruch auf Ersatz des Vertrauensschadens Nr. 2 (3) entsprechend.
4. Ein objektiv unverständiges begünstigendes Verhalten liegt vor, wenn anzunehmen ist, daß ein besonnener Mensch, der die Sach- und Rechtslage in vollem Umfange übersieht, sich so nicht verhalten hätte, wie sich der Begünstigende verhalten hat.

Wie im Privatrecht das Anfechtungsrecht der Verjährung unterliegt und für die Anfechtung Ausschlußfristen bestehen, müssen auch hier entsprechende Fristen gelten. Ob allerdings eine dreißigjährige Verjährungsfrist in Betracht kommt, mag man bezweifeln, da ihre Länge seit langem als unzeitgemäß beklagt wird. Ob aber eine nur dreijährige Frist angemessen ist (123), ist ebenso zweifelhaft; jedoch soll insoweit keine endgültige Entscheidung getroffen werden, da sie im Rahmen dieser Arbeit nicht erforderlich ist. Immerhin erscheint eine Ausschlußfrist von einem Jahr, nach dem der Begünstigende die objektive Unverständigkeit seines Verhaltens erkannt hat, angemessen und auch notwendig.

## IX.

## *Die Folgerungen*

Zunächst bedarf es folgender Klarstellung. Das Vertrauensschutz-Prinzip erhebt selbstverständlich keinen Anspruch auf unbedingte Geltung.

Es ist als allgemeiner de lege lata geltender Rechtsgedanke lex generalis gegenüber jeder Spezialnorm, die den unserem dritten Grundtatbestand immanenten

Interessenkonflikt anders entscheidet. Hieraus folgt, daß jede Spezialnorm dem Vertrauensschutz-Prinzip grundsätzlich nach dem Satz vorgeht, daß die Spezialnorm die Anwendung der allgemeineren ausschließt. Es ist – so gesehen – ein subsidiäres Prinzip (124).

Umgekehrt ist das Vertrauensschutz-Prinzip jedem allgemeineren Rechtsgedanken, etwa dem Grundsatz von Treu und Glauben gegenüber lex specialis. Hieraus folgt, daß es grundsätzlich nach dem Satz lex specialis derogat legi generali jedem allgemeineren Rechtssatz vorgeht.

Aber auch der Grundsatz lex specialis derogat legi generali gilt nicht unbedingt. Auch er läßt Ausnahmen zu. Eine solche liegt stets dann vor, wenn die speziellere Norm versagt, weil ihre Anwendung zu einem unerträglichen Ergebnis führen würde (125).

Ein Beispiel aus dem öffentlichen Recht soll uns dies deutlich machen. Gemäß Nr. 2 des Vertrauensschutz-Prinzips darf eine Behörde, die einen fehlerhaften begünstigenden Verwaltungsakt erläßt, sich dessen bewußt ist und sich somit bewußt objektiv unverständig verhalten hat, ihren Verwaltungsakt nicht zurücknehmen. Wie wir wissen, ist ein solches Ergebnis bei der Beamtenernennung noch gerechtfertigt. Es sind jedoch – allerdings sehr seltene – Fälle denkbar, in denen der weitere Bestand eines solchen fehlerhaften begünstigenden Verwaltungsaktes nicht hingenommen werden kann. Es ist daran zu denken, daß eine Behörde bewußt eine fehlerhafte Sprengstofferlaubnis oder Atomkonzession erteilt hat. Hier versagt das Vertrauensschutz-Prinzip. Es liegt auf der Hand, daß in diesen Fällen, wenn eine ernste Gefährdung der Allgemeinheit an Leib und Leben zu befürchten wäre, der fehlerhafte Verwaltungsakt beseitigt werden muß, auch wenn sich die Behörde der objektiven Unverständigkeit ihres Verhaltens bewußt war. Daher ist hier der Rückgriff auf einen allgemeineren Rechtssatz, etwa das Abwägungsprinzip nicht nur erlaubt, sondern geboten; es sei denn, es ließe sich vielleicht aus § 134 in Verb. mit § 306 ff BGB ein speziellerer Rechtssatz herleiten, der der Behörde hier die Änderung ihres Verhaltens erlauben würde (126).

Was aber für die Nichtgeltung des Vertrauensschutz-Prinzips und somit für den Rückgriff auf allgemeinere Rechtssätze gilt, gilt auch entsprechend für das Verhältnis einer Spezialnorm zum Vertrauensschutz-Prinzip. Auch hier ist der Rückgriff auf das Vertrauensschutz-Prinzip nicht nur erlaubt, sondern geboten, würde die Anwendung der Spezialnorm ein unerträgliches Ergebnis zur Folge haben (127).

Des weiteren haben wir uns der Frage zu stellen, ob jedes, also auch ein sehr unbestimmtes Verhalten die Rechtsfolgen des Vertrauensschutz-Prinzips auslöst.

An den Tatbeständen der §§ 812 ff BGB und § 213 RVO wurde deutlich, daß nicht nur begünstigende Verwaltungsakte und begünstigende Willenserklärungen rechtlich relevante Vertrauensgrundlagen darstellen. Beide Tatbestände ließen erkennen, daß die Rechtsordnung an relativ unbestimmte Verhaltensweisen unter Umständen dieselben Rechtsfolgen knüpft wie an Willenserklärungen und Verwaltungsakte. Sensationell ist diese Einsicht allerdings nicht. Die Rechtsordnung mißt zwar regelmäßig relativ unbestimmten begünstigenden Verhaltensweisen keine rechtliche Bedeutung bei. Dennoch ist nicht zu übersehen, daß sie unter Umständen noch weit unbestimmtere Verhaltensweisen, als sie in der Hingabe eines Vermögensgegenstandes oder in der Annahme von Versicherungsbeiträgen liegen, ebenso wie bestimmte begünstigende Verhaltensweisen behandelt. Denkt man nur an die extremste Form eines relativ unbestimmten Verhaltens, an das Nichtstun, so wird dies sofort offenbar. Gemäß § 151 BGB kommt unter

Umständen ein Vertrag zustande, ohne daß die Annahme dem Antragenden gegenüber erklärt zu werden braucht. § 362 HGB gemäß gilt das Schweigen eines Kaufmanns auf einen Antrag unter bestimmten Voraussetzungen als Annahme des Antrages. Und schließlich muß sich ein Gläubiger, der sein Recht nicht rechtzeitig geltend macht, an diesem für den Schuldner begünstigenden Verhalten nach dem von Rechtsprechung und Lehre entwickelten und innerhalb der gesamten Rechtsordnung geltenden (128) Rechtsinstitut der Verwirkung festhalten lassen, wenn die Gesamtheit der Umstände des Einzelfalles bei objektiver Würdigung ergibt, daß der Schuldner darauf vertrauen durfte, daß der Gläubiger sein Recht nicht mehr geltend machen werde (129).

Die Gründe, die die Rechtsordnung veranlassen, abweichend von der Regel auch einem Nichtstun Rechtsqualität beizulegen, liegen auf der Hand. Es sind stets die besonderen Umstände des Einzelfalles, die es richtig erscheinen lassen, ausnahmsweise auch an extrem unbestimmte begünstigende Verhaltensweisen Rechtsfolgen zu knüpfen. Bei den Verwirkungssachverhalten wird nach herrschender Meinung ausdrücklich auf diese Umstände abgestellt (130). Bei § 362 HGB ist es in erster Linie die Geschäftsverbindung, die ein Nichtstun zu einem rechtlich bestimmten Verhalten werden läßt, und in § 151 BGB schließlich liegt der besondere Umstand darin, daß hier nach der Verkehrssitte ausnahmsweise eine Erklärung nicht zu erwarten war.

Bei der Frage, ob ein begünstigendes Verhalten als rechtlich relevante Vertrauensgrundlage anzusehen ist, kommt es also nicht darauf an, ob es sich um ein bestimmtes oder ein relativ unbestimmtes handelt. Nur: Je unbestimmter eine Verhaltensweise ist, um so mehr gewinnen die Umstände des Einzelfalles für die Frage an Bedeutung, ob überhaupt eine Vertrauensgrundlage vorliegt. Und um so bestimmter eine Verhaltensweise wird, um so mehr verlieren diese Umstände an Gewicht. Bei begünstigenden Verwaltungsakten und Willenserklärungen spielen sie für die Frage, ob eine rechtlich relevante Vertrauensgrundlage vorliegt, überhaupt keine Rolle mehr; sie sind nur noch für die Auslegung des Inhalts der Vertrauensgrundlage von Bedeutung.

Aus alledem folgt, daß begünstigende Willenserklärungen und begünstigende Verwaltungsakte stets die Rechtsfolgen des Vertrauensschutz-Prinzips auslösen; relativ unbestimmte Verhaltensweisen dann, wenn die Gesamtheit der Umstände des Einzelfalls dies bei objektiver Würdigung gerechtfertigt erscheinen läßt.

Die Einsicht, daß es sich bei der verspäteten Geltendmachung eines Rechtes um ein für den Schuldner begünstigendes Verhalten handelt, auf dessen Bestand der Schuldner vertraut, in Verbindung mit der weiter oben getroffenen Feststellung, daß das Vertrauensschutz-Prinzip dem Rechtssatz von Treu und Glauben gegenüber lex specialis ist, legt den Gedanken nahe, daß sich die Rechte und Pflichten eines zuwartenden Gläubigers nicht nach dem auf Treu und Glauben gegründeten Rechtsinstitut der Verwirkung, sondern nach dem Vertrauensschutz-Prinzip beurteilen könnten (131).

Für diesen Gedanken spricht insbesondere, daß heute weitgehend Einigkeit darüber besteht, daß die Verwirkung in erster Linie der Realisierung des Vertrauensschutzgedankens dient (132). So ist es bezeichnend, daß Eichler (133), Esser (134), Larenz (135) und Stich (136) auch ausdrücklich von einer Vertrauensgrundlage sprechen, die in dem zuwartenden Verhalten des Gläubigers liegt.

Aber machen wir die Probe aufs Exempel (137). Subsumieren wir einen Verwirkungssachverhalt unter das Vertrauensschutz-Prinzip und unterstellen hierbei, daß sich das zuwartende Verhalten des Gläubigers in Verbindung mit den Gesamtumständen des Einzelfalles bei objektiver Würdigung zu einer rechtlich relevanten Vertrauensgrundlage verdichtet hat, so zeigt sich sofort, daß das Verhalten des Gläubigers nicht nur ein für den Schuldner begünstigendes, sondern stets auch ein objektiv unverständiges Verhalten ist. Ein besonnener Gläubiger, der die Sach- und Rechtslage übersieht, würde sich so nicht verhalten haben, wie sich der Gläubiger verhalten hat; ein objektiv verständig handelnder Gläubiger würde nicht zugewartet haben, er hätte sein Recht rechtzeitig geltend gemacht.

Erhellt sich aber mit dieser Erkenntnis nicht schlagartig alles Dunkel (138), das trotz der allgemeinen Anerkennung dieses Instituts noch immer über der Verwirkung gelegen hat?

Und wird nicht offenbar, daß die Verwirkung gar kein Unterfall der unzulässigen Rechtsausübung, sondern die besondere Spielart eines begünstigenden Verhaltens ist, dessen rechtsdogmatische Grundlage nicht, wie Siebert am Ende seiner viel zitierten Monographie resignierend feststellte (139), in Treu und Glauben, sondern in dem spezielleren Vertrauensschutz-Prinzip liegt?

Verstößt damit aber nicht alles bisher zur Verwirkung Gesagte gegen den Satz lex specialis derogat legi generali mit der Folge, daß das Vertrauensschutz-Prinzip der Lehre und Rechtsprechung zur Verwirkung den rechtlichen Boden entzieht?

Diese Fragen mögen zunächst verblüffen. Man wird nicht ohne weiteres akzeptieren wollen, daß ein seit fast vier Jahrzehnten anerkanntes Rechtsinstitut fragwürdig geworden sein soll, bloß weil bei seiner Begründung eine methodische Regel nicht beachtet worden ist.

Aber handelt es sich hier wirklich nur um eine methodische Frage? Steckt denn hinter dem Satz lex specialis derogat legi generali nicht mehr? Ist er nicht auch eine spezielle Ausgestaltung des Artikels 97 des Grundgesetzes, der den Richter an das Gesetz – aber zugleich an das ihm nächste Gesetz bindet (140)?

Jedenfalls kann nicht zweifelhaft sein, daß von der Beachtung des Satzes lex specialis derogat legi generali in entscheidendem Maße unsere Rechtssicherheit im Sinne von Vorhersehbarkeit abhängt. Es liegt nun einmal in der Natur der Dinge, daß die spezielle Norm der allgemeineren im Regelfall stets überlegen sein muß. Je allgemeiner eine Norm wird, um so unbestimmter müssen auch die Begriffe werden, die sie enthält, um so schwieriger wird sie anzuwenden sein und um so unsicherer wird sich das Ergebnis ihrer Anwendung voraussagen lassen. Je spezieller indessen eine Norm ist, um so bestimmter sind auch ihre Begriffe, um so besser ist sie zu handhaben und um so genauer lassen sich die Ergebnisse ihrer Handhabung vorherbestimmen.

Das ist eigentlich so offensichtlich, daß man sich darüber wundert, wenn es immer wieder verkannt und dazu noch übersehen wird, daß ein so allgemeiner Rechtssatz wie beispielsweise Treu und Glauben auch ein solches Maß an Unbestimmtheit erreicht, daß er dem Sinn einer jeden Generalisierung, nämlich den Gleichheitsgrundsatz zu verwirklichen, nicht nur nicht mehr gerecht werden kann, sondern sich geradezu gegen diesen wendet.

Aber führen wir uns dies alles noch einmal im einzelnen vor Augen, indem wir die bisherige Lehre und Rechtsprechung zur Verwirkung mit dem Vertrauensschutz-Prinzip vergleichen.

Bei diesem Vergleich fällt sofort auf, daß die Rechtsprechung bisher nur zwei Entscheidungsmöglichkeiten vorfand, nämlich die Entscheidung „Verwirkt" oder „Nicht verwirkt".

Demgegenüber hält die Rechtsordnung aber, wie das Vertrauensschutz-Prinzip zeigt, drei Möglichkeiten für die Entscheidung eines Verwirkungssachverhaltes bereit:

1. „Verwirkt" (Nr. 2 Abs. 2 und 3 des Prinzips),
2. „Nicht verwirkt" mit der Folge, daß der Gläubiger sein Recht weiterhin geltend machen darf, dem Schuldner aber dessen Vertrauensschaden ersetzen muß (Nr. 3 Abs. 1 des Prinzips) und
3. „Nicht verwirkt", ohne daß den Gläubiger eine solche Verpflichtung trifft (Nr. 3 Abs. 2, evtl. Abs. 3 des Prinzips).

Dieser größeren Differenzierung, die das Vertrauensschutz-Prinzip auf der Rechtsfolgenseite auszeichnet, entspricht aber auch eine größere Bestimmtheit seiner Begriffe auf der Tatbestandsseite; wohingegen die Ungenauigkeit, aber auch Dehnbarkeit der Tatbestandsmerkmale (141), auf die es nach der bisherigen Lehre und Rechtsprechung bei der Verwirkung ankommen soll, allgemein kritisiert und beklagt wird.

Zwar vermag auch das Vertrauensschutz-Prinzip nicht zu sagen, wann sich ein Zuwarten des Gläubigers zu einer Vertrauensgrundlage verdichtet hat. Dies liegt aber nicht am Vertrauensschutz-Prinzip, sondern in der Natur einer jeden relativ unbestimmten Verhaltensweise, die, wie wir wissen, sich stets erst in Verbindung mit den besonderen Umständen des Einzelfalles zu einer rechtlich relevanten Vertrauensgrundlage verdichtet und sich daher genauerer Bestimmbarkeit entzieht.

Dessen ungeachtet, zeigt das Vertrauensschutz-Prinzip jedoch unzweideutig, worauf bei der Verwirkung abzustellen ist, vor allem aber auch, in welcher Wechselwirkung die einzelnen Tatbestandsmerkmale zueinander stehen.

Zunächst scheint es, als habe die herrschende Meinung recht, wenn sie glaubt, es komme allein oder doch vorwiegend auf die objektive Sachlage an (142). Das Vertrauensschutz-Prinzip läßt erkennen, daß dies insoweit zutrifft, als es um die Frage geht, ob in dem Verhalten des Gläubigers überhaupt eine Vertrauensgrundlage liegt. Denn hierbei kommt es in der Tat nicht auf die subjektiven Vorstellungen der Beteiligten, sondern allein auf das nach außen in Erscheinung tretende Verhalten des Gläubigers sowie auf die äußeren Gesamtumstände an, in die dieses Verhalten eingebettet ist (neben dem Zeitablauf z. B.: Verkehrssitte, Usancen einer Branche, allgemeine Wirtschaftslage, Vermögenslage der Beteiligten, laufende Geschäftsverbindung, zwischenzeitliche Geschäftsabschlüsse, persönliches Zusammensein usw.) (143).

Mit der positiven Feststellung einer Vertrauensgrundlage ist jedoch erst über eine Vorfrage entschieden. Die herrschende Meinung würde einem verhängnisvollen Kurzschluß erliegen, wenn sie meinen sollte, sie dürfe bereits aus der Feststellung einer Vertrauensgrundlage die Entscheidung herleiten und erkennen, daß der Gläubiger sein Recht verwirkt habe (144).

Das Vertrauensschutz-Prinzip zeigt nämlich, daß es neben der objektiv festgestellten Vertrauensgrundlage besonders auf die subjektiven Vorstellungen der Beteiligten, unter Umständen aber auch darauf ankommt, ob dem Schuldner ein Vertrauensschaden entstanden ist.

Wir sehen also, nicht die herrschende Meinung, sondern diejenigen haben recht, die wie Stich (145) mit Nachdruck immer wieder darauf hingewiesen haben, daß bei der Verwirkung mitentscheidend auch das subjektive Verhalten des Gläubigers ist und daß ein Gläubiger, der von seinem Recht nichts weiß, sein Recht auch nicht verwirken kann. Nummer 3 des Vertrauensschutz-Prinzips und der ihm zugrunde liegende Rechtsgedanke, daß niemand aus dem unbewußten Mißgriff eines anderen Vorteile ziehen darf, läßt dies mühelos sichtbar werden.

Aber auch Stich hat nur teilweise recht; er hat unrecht, wenn er den Gläubiger, der von seinem Recht nichts weiß, ganz aus jeder Bindung entlassen möchte (146). Wir wissen, daß dies zu einer ungerechtfertigten Benachteiligung des redlichen Schuldners führen kann, wenn dieser das objektiv unverständige Verhalten des Gläubigers weder kannte noch kennen mußte.

Und Stich hat auch insoweit nicht recht, als er meint, es sei stets (147) beachtlich, ob der Schuldner im Vertrauen darauf, daß der Gläubiger sein Recht nicht mehr geltend machen werde, Maßnahmen getroffen hat. Nummer 2 des Vertrauensschutz-Prinzips läßt erkennen, daß sich der Gläubiger, der sein Recht und alle Umstände kennt, die sein Verhalten als objektiv unverständig erscheinen lassen, an seinem Verhalten festhalten lassen muß. Er hat sein Recht also verwirkt, ob der Schuldner nun Maßnahmen getroffen hat oder nicht.

Schließlich haben letzten Endes aber auch diejenigen unrecht, die mehr oder weniger abweichend von der herrschenden Meinung, zwar den subjektiven Vorstellungen des Schuldners rechtliche Bedeutung beimessen (148), dies jedoch tun, ohne diese Vorstellungen mit den subjektiven des Gläubigers in Beziehung zu setzen. Die subjektiven Vorstellungen des Schuldners können aber zutreffend nicht isoliert, sondern stets nur in Verbindung mit den subjektiven Vorstellungen des Gläubigers und der Frage gewürdigt werden, ob der Schuldner Maßnahmen getroffen hat oder nicht. Denn gemäß Nummer 2 des Vertrauensschutz-Prinzips schadet die Kenntnis dem Schuldner dann nicht, wenn der Gläubiger ebenfalls weiß, daß er sich objektiv unverständig verhält; umgekehrt schadet sie ihm gemäß Nummer 3 Abs. 2 evtl. auch Abs. 3 des Vertrauensschutz-Prinzips, wenn der Gläubiger sich der objektiven Unverständigkeit seines Verhaltens nicht bewußt ist.

Zeigt sich danach die Überlegenheit des Vertrauensschutz-Prinzips schon auf der Tatbestandsseite, so erweist sie sich aber vollends auf der Rechtsfolgenseite.

Den Streitfall, in dem einem unbewußt zuwartenden Gläubiger ein redlicher Schuldner gegenübersteht und der besonders im Wettbewerbsrecht häufiger vorkommen dürfte, konnte die bisherige Lehre und Rechtsprechung mit der auf Treu und Glauben gegründeten Interessenabwägung nur durch eine Entweder-Oder-Entscheidung schlichten.

Nehmen wir an, in einem solchen Fall betrage der nicht rechtzeitig geltend gemachte Anspruch des Gläubigers 20.000,– DM und der dem Schuldner entstandene Vertrauensschaden 10.000,– DM.

Würde man hier nach Treu und Glauben zu dem Ergebnis kommen, daß der Gläubiger sein Recht verwirkt habe, so würde der Schuldner 10.000,– DM gewinnen. Aber ganz zu Unrecht, denn niemand soll, wie wir wissen, aus dem unbewußten Mißgriff eines anderen Vorteile ziehen. Käme man zu dem umgekehrten Ergebnis, so wäre dies dem redlichen Schuldner gegenüber ungerecht, denn dieser müßte die ihm durch den Gläubiger verursachten Nachteile in Höhe von 10.000,– DM selbst tragen, obwohl sich der Gläubiger nicht, wie es die Rechtsordnung fordert, im Rechtsverkehr bewußt, sondern unbewußt verhalten hat.

Hier vermag also nur eine Sowohl-Als-Auch-Entscheidung einen gerechten Interessenausgleich zwischen Gläubiger und Schuldner herbeizuführen.

Die Nummer 3 des Vertrauensschutz-Prinzips hält diese Entscheidung bereit. Der unbewußt zuwartende Gläubiger darf sein Verhalten zwar ändern, darf also weiterhin seinen Anspruch von 20.000,– DM geltend machen, muß dem Schuldner aber 10.000,– DM Vertrauensschaden ersetzen, so daß er per Saldo, aber auch zu Recht, 10.000,– DM verliert.

Hat sich demnach die in seiner größeren Spezialität ruhende Überlegenheit des Vertrauensschutz-Prinzips erwiesen, so ist sie es auch, die uns aufhellt, was es mit der Verwirkung materiell-rechtlich eigentlich auf sich hat.

Die Verwirkung ist kein Verzicht. Hier hat die herrschende Meinung völlig recht, wenn sie sagt, daß es auf den Willen des Gläubigers nicht ankomme und daß die Verwirkung ausschließlich die Folge eines in dem Zuwarten des Gläubigers liegenden Verhaltens sei. Weil die herrschende Meinung aber an dieses Zuwarten eine dem Schuldner günstige Bindungswirkung knüpft, setzt sie dieses Verhalten mit den in der Hingabe eines Vermögensgegenstandes und in der Abgabe einer begünstigenden Willenserklärung liegenden Verhaltensweisen gleich.

Es war gewissermaßen eine rechtsgeschichtliche Tat, als das Reichsgericht und die Rechtslehre diese Gleichsetzung vollzogen und damit um des Gleichheitsgrundsatzes willen das Dogma des § 305 BGB überwanden.

Weil man diese Gleichsetzung mehr oder weniger unbewußt vollzog, blieb unerkannt, daß es sich überhaupt um eine Gleichsetzung handelte. Darum wurde auch übersehen, daß dieser Gleichsetzung – und zwar völlig zu Recht – der Wille nicht hinderlich gewesen war, der einer jeden Willenserklärung innewohnt. Ein Vergleich zwischen dem Zuwarten eines Gläubigers mit der Hingabe eines Vermögensgegenstandes einerseits und der Abgabe einer Willenserklärung andererseits läßt nämlich erkennen, daß die Beteiligung des Willens tatsächlich für die rechtliche Relevanz eines begünstigenden Verhaltens nicht entscheidend ist; der Wille muß weder bei der ungerechtfertigten Bereicherung noch bei dem Zuwarten eines Gläubigers unbedingt beteiligt sein, um eine Bindung und damit den minderen oder vollen Vertrauensschutz des Begünstigten eintreten zu lassen.

Hätte man dies erkannt, dann wäre man aber auch nicht zu der formal-logisch richtigen, dennoch unzutreffenden Auffassung gelangt, daß ein Gläubiger wohl einen stillschweigenden Verzicht, weil er eine Willenserklärung darstellt, nach § 119 BGB anfechten dürfe, nicht aber ein lediglich einen Rechtsschein erzeugendes Schweigen (149). Man hätte genau umgekehrt argumentiert und gesagt: Wenn sogar eine Vertrauensgrundlage, also eine begünstigende Verhaltensweise, an der der Wille beteiligt ist, unter Berufung auf ihre Mangelhaftigkeit angefochten werden darf, dann muß dies erst recht für eine Vertrauensgrundlage gelten, die nur in einem Rechtsschein besteht und an der der Wille unbeteiligt ist.

Vielleicht hätte man sich aber auch von vornherein die Frage gestellt, ob denn das Zuwarten eines Gläubigers mit einer mangelfreien Willenserklärung und Bereicherung vergleichbar sei. Sicherlich hätte schon die Frage deutlich werden lassen, daß das nicht der Fall ist; sondern daß man das Zuwarten, weil es stets ein objektiv unverständiges Verhalten darstellt, nur mit einer mangelbehafteten Bereicherung und einer mangelbehafteten Willenserklärung gleichsetzen darf.

Daß man dies alles übersehen konnte, liegt einfach daran, daß man das Institut der Verwirkung bisher auf Treu und Glauben gründete, obwohl die Rechtsordnung schon immer ein spezielleres Prinzip bereithielt, das nach dem Satz lex specialis derogat legi generali die unmittelbare Anwendung von Treu und Glauben ausschloß.

Damit ist aber auch offenbar geworden, daß hinter diesem Satz doch mehr steckt, als eine nur methodische Regel und daß die Lehre und Rechtsprechung

zur Verwirkung nicht nur methodisch, sondern auch materiell-rechtlich gesehen auf Sand gegründet sind.
So müssen wir uns am Ende – wenn vielleicht auch widerwillig – eingestehen, daß das Zuwarten eines Gläubigers nicht mehr als ein Unterfall einer unzulässigen Rechtsausübung, sondern als ein begünstigendes Verhalten aufgefaßt werden muß, dessen rechtliche Beurteilung künftig nicht mehr Treu und Glauben, sondern dem Vertrauensschutz-Prinzip unterliegt (150).

Nach diesen so ganz und gar überraschenden Einsichten können wir nun verhältnismäßig mühelos auch die eingangs der Arbeit gestellte Frage beantworten, ob eine Behörde einen fehlerhaften begünstigenden Verwaltungsakt zurücknehmen darf oder nicht.

Die Antwort ergibt sich, da in einem fehlerhaften Verwaltungsakt stets auch ein objektiv unverständiges begünstigendes Verhalten liegt, für den Regelfall, in dem einer unbewußt fehlgreifenden Behörde ein redlicher Staatsbürger gegenübersteht sowie die beiden nächsthäufigsten Ausnahmefälle aus Nummer 3 des Vertrauensschutz-Prinzips.

1. Eine Behörde darf zwar einen fehlerhaften begünstigenden Verwaltungsakt ex tunc zurücknehmen; sie muß dem Begünstigten jedoch dessen Vertrauensschaden ersetzen.
2. Der Anspruch auf den Ersatz des Vertrauensschadens entfällt, wenn der Begünstigte die Fehlerhaftigkeit des Verwaltungsaktes kannte.
3. Kannte sie der Begünstigte infolge von Fahrlässigkeit nicht, so hängt sein Anspruch auf den Ersatz des Vertrauensschadens von den Umständen, insbesondere davon ab, inwieweit der sich bei einer Rücknahme des Verwaltungsaktes für ihn ergebende Schaden vorwiegend von ihm selbst oder von der Behörde verursacht sein würde.

Nach dieser Feststellung sei jedoch noch einmal an das im dritten Kapitel Gesagte erinnert. Danach bleibt sie anfechtbar, solange nicht gezeigt worden ist, daß andere Generalisierungen, die wir bisher außer Betracht ließen und die den dem ersten Grundtatbestand innewohnenden Interessenkonflikt ebenfalls aber abweichend entscheiden, das Gerechtigkeitsgefühl aller billig und gerecht Denkenden nicht in demselben Maße befriedigen wie das Vertrauensschutz-Prinzip.

Überblickt man die Verwaltungsrechtsordnung, so sind es im wesentlichen zwei Gruppen von Normen, die dem materiell-rechtlichen Lösungsweg zuzuordnen sind und die den Konflikt anders entscheiden. Für die zweite Gruppe trifft dies allerdings nur bedingt zu.
Die erste Gruppe enthält die Vorschriften, die die Rücknahme fehlerhafter begünstigender Verwaltungsakte erlauben, ohne das Vertrauen des Staatsbürgers in irgendeiner Weise zu schützen. Sie finden sich besonders in den wichtigen Ordnungsvorschriften der Länder, in Polizei- und Baugesetzen und schreiben meist ohne Einschränkung die Rücknahme einer anfänglich fehlerhaften Erlaubnis oder Genehmigung vor (151). Die Einsicht, daß die hier vorgenommene rigorose Bevorzugung staatlicher Interessen zutiefst ungerecht ist, ist heute weit verbreitet. Sie erst hat die Rücknahme fehlerhafter begünstigender Verwaltungsakte zum Problem werden lassen. So liegt in der völligen Außerachtlassung der schutzwürdigen Interessen des Staatsbürgers die entscheidende Schwäche dieser ersten Normengruppe.
Die zweite Gruppe betrifft Vorschriften, die die Rücknahme eines fehlerhaften begünstigenden Verwaltungsaktes gestatten, wenn die Fehlerhaftigkeit ihre Ursache im Verantwortungsbereich des Staatsbürgers hat. Solche Vorschriften finden sich vor allem im Gewerberecht (152).

Hier ist zunächst zu bemerken, daß diese Vorschriften mit dem Vertrauensschutz-Prinzip nur in Widerspruch geraten, wenn man in ihnen eine abschließende Regelung sieht, was nicht ganz unbestritten ist (153). Würde man in ihnen keine abschließende, sondern eine lückenhafte Regelung des Konflikts sehen, so könnten sie im Wege der Lückenschließung durch das Vertrauensschutz-Prinzip ergänzt werden, was zur Folge hätte, daß auch im Gewerberecht fehlerhafte begünstigende Verwaltungsakte unter Hinweis auf ihre Fehlerhaftigkeit bei gleichzeitigem Ersatz des Vertrauensschadens ex tunc zurückgenommen werden dürften.

Stellt man sich indessen auf den entgegengesetzten Standpunkt, so darf nach diesen Vorschriften ein fehlerhafter begünstigender Verwaltungsakt nicht zurückgenommen werden, wenn die Ursache seiner Fehlerhaftigkeit nicht im Verantwortungsbereich des Staatsbürgers, sondern woanders, etwa im Verantwortungsbereich der Behörde liegt.

Ein solches Ergebnis befriedigt jedoch nicht. Wir wissen, daß es die Gesamtrechtsordnung für unbillig hält, könnte der Begünstigte allein mit Rücksicht auf seine Interessen den Begünstigenden an dessen Verhalten festhalten, wenn dieser sich der Fehlerhaftigkeit seines Verhaltens nicht bewußt war. Dies gilt gegenüber dem Staat und einem Privaten gleichermaßen.

Muß es dem Staat gegenüber aber nicht erst recht gelten? Der Staat hat nicht nur seine fiskalischen Interessen, die mit den wirtschaftlichen eines Privaten vergleichbar sind, wahrzunehmen, sondern er hat auch ein legitimes Interesse, den Grundsatz der Gesetzmäßigkeit der Verwaltung und den Gleichheitsgrundsatz zu verwirklichen. Gerade diese Interessen lassen aber die Vorschriften der zweiten Normengruppe ungeschützt. Dabei wiegt letzten Endes am schwersten, daß der Gleichheitsgrundsatz auf der Strecke bleibt. Die Aufrechterhaltung eines fehlerhaften begünstigenden Verwaltungsaktes betrifft, was vielfach übersehen wird, eben nicht nur das Verhältnis des Staates zum begünstigten Staatsbürger, sondern auch das des Staates zu Dritten. Der Antragsteller, dem zu Recht eine Gewerbeerlaubnis versagt worden ist, wird nie einsehen können, warum sein Konkurrent, dem sie von Rechts wegen ebenfalls hätte versagt werden müssen, weiterhin Inhaber der Erlaubnis bleibt, bloß weil der Behörde bei der Erteilung der Erlaubnis ein Fehler unterlaufen war.

So liegt die entscheidende Schwäche der zweiten Normengruppe vor allem in der unvollkommenen Verwirklichung des Gleichheitsgrundsatzes.

Die Schwäche beider Gruppen beweist aber zugleich die Überlegenheit des Vertrauensschutz-Prinzips. Im Regelfall schützt es die Interessen des Staatsbürgers in angemessener Weise. Insoweit ist es der ersten Normengruppe überlegen. Es schützt, da es den rechtmäßigen Zustand stets von Anfang an wieder herstellt, im Regelfall aber auch das Interesse des Staates an der Realisierung des Grundsatzes der Gesetzmäßigkeit der Verwaltung und des Gleichheitsgrundsatzes. Insoweit ist es der zweiten Normengruppe überlegen. Das Vertrauensschutz-Prinzip vereinigt mithin die Stärken beider Gruppen; es vermeidet aber zugleich ihre Schwächen.

Befriedigt also das Vertrauensschutz-Prinzip das Gerechtigkeitsgefühl aller billig und gerecht Denkenden in höherem Maße, weil es allein einen Ausgleich der beiderseitigen Interessen herbeiführt, während die Normen der beiden anderen Gruppen entweder die Interessen des Bürgers oder die des Staates im Übermaße schützen, so ist es auch gerechtfertigt, ihm bei der Wahl zwischen mehreren in Betracht zu ziehenden Generalisierungen den Vorzug zu geben.

Wenn die Normen der anderen beiden Gruppen letzten Endes aber zu unbefriedigenden Ergebnissen führen, muß dann nicht auch im Einzelfall der Rückgriff auf das Vertrauensschutz-Prinzip erlaubt sein?

Eine Beantwortung der Frage würde voraussetzen, daß jede einzelne Spezialnorm, die den Konflikt anders entscheidet, auf ihr Verhältnis zum Vertrauensschutz-Prinzip hin untersucht wird. Eine solche Untersuchung müßte den Rahmen dieser Arbeit sprengen. Aber es ist denkbar, daß in vielleicht gar nicht ferner Zeit auch das allgemeine Rechtsempfinden die Ergebnisse beider Normengruppen nicht nur als unbefriedigend, sondern wegen ihres nur unvollkommenen Einklangs mit wesentlichen Grundsätzen unserer Verfassung sogar als unerträglich empfinden wird (154). Der Rückgriff auf das Vertrauensschutz-Prinzip wäre dann nicht nur frei, sondern, wie wir wissen, sogar geboten.

Mit Sicherheit kann aber folgendes gesagt werden. Ein Rückgriff auf das Vertrauensschutz-Prinzip ist dort ausgeschlossen, wo Normen Anwendung finden, die dem formell-rechtlichen Lösungsweg zuzuordnen sind. Dies folgt nicht etwa aus dem Gedanken der Spezialität dieser Normengruppe, sondern aus einem anderen Grunde.

Deutlicher als zu Beginn der Arbeit sehen wir jetzt, daß die Normen des formell-rechtlichen Lösungsweges mit dem Vertrauensschutzgedanken gar nichts zu tun haben.

Im Ergebnis führen sie zwar den vollen Vertrauensschutz des Staatsbürgers herbei. Ihr tragender Gedanke ist jedoch der der Rechtssicherheit, insbesondere aber der des Rechtsfriedens (155); es ist nicht der des Vertrauensschutzes. Denn der Vertrauensschutzgedanke hat zwei Seiten. Er schützt nicht nur den vertrauenden Staatsbürger, sondern schützt ebenso auch die unbewußt fehlgreifende Behörde. Mit den Normen des formell-rechtlichen Lösungsweges hat der Gesetzgeber aber eine unzweideutige Entscheidung zugunsten der Rechtssicherheit und des Rechtsfriedens und zuungunsten des Vertrauensschutzgedankens getroffen, wenn er die Interessen der unbewußt fehlgreifenden Behörde ungeschützt ließ.

Mag er dabei auch von dem Gedanken ausgegangen sein, daß Fehlentscheidungen einer Behörde selten und darum in Einzelfällen ein etwaiges Auseinanderfallen von formeller und materieller Gerechtigkeit in Kauf genommen werden könne, so ist es dennoch rechtlich unerheblich, wenn dieser Gedanke der heutigen Verwaltungswirklichkeit nicht mehr entspricht. Empfindet man das heute verhältnismäßig häufige Auseinanderfallen von formeller und materieller Gerechtigkeit als unerträglich, so wird mithin nur der Gesetzgeber helfen können.

Hier würde das Vertrauensschutz-Prinzip aber jene Vorschläge ergänzen, die die Problematik des formell-rechtlichen Weges de lege ferenda durch ein zeitliches Hinausschieben des Eintritts der Bestandskraft lösen wollen (156). Im zweiten Kapitel hatten wir gesehen, daß ein solches Hinausschieben allein noch keine Lösung darstellt. Durch das de lege lata geltende Vertrauensschutz-Prinzip jedoch sind jetzt die Interessen des begünstigten Staatsbürgers während der Interimszeit – also in der Zeit zwischen dem Erlaß und dem Eintritt der Bestandskraft des Verwaltungsaktes – in angemessener Weise geschützt. Das Risiko seiner Dispositionen wird jetzt nicht mehr von ihm, sondern von der fehlerhaft handelnden Behörde getragen. Ein zeitliches Hinausschieben des Eintritts der Bestandskraft ist somit möglich und zugleich eine Lösung der Problematik des formell-rechtlichen Weges sichtbar geworden.

Sollte man aber meinen, daß der hier in Frage stehende Personenkreis wegen seiner oft nur noch geringen Lebenserwartung eine Sonderbehandlung verdiene, dann wird es bei den zur Zeit geltenden Regelungen, also bei der Bestandskraft, verbleiben müssen. Ein Auseinanderfallen von formeller und materieller Gerechtigkeit wäre dann gegen Zahlung eines allerdings hohen Preises in Kauf zu nehmen.

Jetzt ist es auch möglich geworden, die auf Treu und Glauben gegründete Rechtsprechung des Bundesverwaltungsgerichts zur Rücknahme fehlerhafter begünstigender Verwaltungsakte richtig zu würdigen, insbesondere ihr Verhältnis zum Vertrauensschutz-Prinzip zu bestimmen.

Nachdem offenbar geworden ist, daß das Zuwarten eines Gläubigers ebenso wie der begünstigende Verwaltungsakt begünstigende Verhaltensweisen im Sinne des Vertrauensschutz-Prinzips, daß also die Rücknahme- und Verwirkungsproblematik nur zwei Seiten ein und derselben Sache sind, kann es nicht mehr überraschen, wenn sich das Vertrauensschutz-Prinzip zur Rechtsprechung des Bundesverwaltungsgerichts ebenso verhält wie zur bisherigen Lehre und Rechtsprechung zur Verwirkung. Aus diesem Grunde gilt all das zur Verwirkung Gesagte hier entsprechend; das Vertrauensschutz-Prinzip tritt auch hier an die Stelle der von der Rechtsprechung entwickelten Grundsätze zur Rücknahme fehlerhafter begünstigender Verwaltungsakte.

Die folgenden Darlegungen dienen nur dazu, dies noch zu verdeutlichen.

Als das Bundesverwaltungsgericht vor der Entscheidung des Witwenpensionsfalles stand (157), boten sich ihm drei Möglichkeiten an. Es hätte hier aus dem Fehlen einer unmittelbar anzuwendenden Norm den Gegenteilsschluß ziehen, das der Rechtsordnung schon immer innewohnende Vertrauensschutz-Prinzip entwickeln (158) und zur Grundlage seiner Entscheidung machen oder es hätte auf die Generalklausel von Treu und Glauben zurückgreifen können.

Forsthoff hätte hier wohl das argumentum e contrario gewählt. Dem hat das Bundesverwaltungsgericht zu Recht widerstanden. Damit hat es der damals noch nicht anerkannten, wenn auch schon weit verbreiteten Einsicht zum Siege verholfen, daß bei der Rücknahme fehlerhafter begünstigender Verwaltungsakte auch auf die Interessen des Staatsbürgers in angemessener Weise Bedacht zu nehmen ist. Seine Entscheidung hat deshalb auch allgemeine Anerkennung gefunden.

Dennoch ist es zu bedauern, daß das Bundesverwaltungsgericht sein Urteil auf Treu und Glauben und nicht auf das speziellere Vertrauensschutz-Prinzip gegründet hat.

Zwar wäre im Witwenpensionsfall eine andere rechtliche Begründung ohne Einfluß auf das wirtschaftliche Ergebnis der Entscheidung geblieben. Denn auch bei Anwendung des Vertrauensschutz-Prinzips hätte der der Witwe zuzusprechende Anspruch auf Ersatz ihres Vertrauensschadens die Höhe des Bestandsinteresses erreicht (159).

Und doch hätte sich schon hier ein feiner Unterschied ergeben, der einmal mehr beweist, daß der Satz lex specialis derogat legi generali mehr ist als eine bloß methodische Regel.

Hätte das Bundesverwaltungsgericht seine Entscheidung auf das Vertrauensschutz-Prinzip gegründet, so wäre damit zugleich klargestellt gewesen, daß die der Witwe zu erbringenden Leistungen keine Pension darstellten und ihre rechtliche Grundlage nicht im Gesetz zu Artikel 131 des Grundgesetzes, sondern in einem Schadensersatzanspruch hatten, der der Witwe zugewachsen war, weil sich die Behörde im Rechtsverkehr objektiv unverständig verhalten und dadurch der Witwe schweren Schaden zugefügt hatte.

Eine solche Klarstellung hätte den nicht unwesentlichen Vorteil gehabt, daß sich die Frage, ob das Witwenpensionsurteil mit dem Grundsatz der Gesetzmäßigkeit der Verwaltung und dem Gleichheitsgrundsatz im Einklang steht, gar nicht erhoben hätte.
Der entscheidende Vorteil hätte aber in folgendem gelegen. Wenn das Bundesverwaltungsgericht seine Entscheidung nicht auf Treu und Glauben gegründet hätte, so hätte es auch nicht die Tür für eine nun auf breiter Front einsetzende, die Rechtssicherheit aushöhlende und die materielle Rechtslage immer mehr verdunkelnde Flucht in die Generalklauseln geöffnet. Dann hätte es in der Folgezeit aber auch nicht dahin kommen können, daß man die Grundsätze des im Ergebnis richtigen Witwenpensionsurteils auch auf Fälle anwandte, auf die sie nur bedingt oder überhaupt nicht paßten (160).

Aber alles dies sollte der Vergangenheit angehören. Mit dem Sichtbarwerden des Vertrauensschutz-Prinzips ist die Rechtslage wieder durchsichtig geworden und die Rechtssicherheit wieder hergestellt.

Mit der Wiederherstellung der Rechtssicherheit sind der Behörde wieder klare Grundsätze an die Hand gegeben, an denen sie sich schnell und sicher orientieren kann. Sie weiß jetzt, daß sie im Regelfall zwar einen fehlerhaften begünstigenden Verwaltungsakt zurücknehmen darf, daß sie jedoch dem Staatsbürger dessen Vertrauensschaden zu ersetzen hat.
Aber auch der redliche Staatsbürger weiß nun wieder, woran er ist. Ihm wird bewußt, daß er auch und gerade dem sozialen Rechtsstaat gegenüber treuwidrig handeln würde, würde er eine unbewußt fehlgreifende Behörde an ihrem begünstigenden Verhalten unter dem Gesichtspunkt des Vertrauensschutzes festhalten wollen. Dafür kann er aber auch sicher sein, daß der Staat alle Nachteile von ihm fernhalten wird, die ihm dadurch erwachsen, daß er auf den Bestand einer fehlerhaften behördlichen Begünstigung vertraut.
Das Vertrauensschutz-Prinzip leistet aber noch mehr. Es versöhnt die Verteidiger der Rechtsprechung des Bundesverwaltungsgerichts mit den Vertretern der konservativen Auffassung, insbesondere mit Forsthoff. Es trägt den Grundanliegen beider Rechnung. Das Vertrauensschutz-Prinzip gibt der konservativen Auffassung insoweit recht, als diese meint, daß der Grundsatz der Gesetzmäßigkeit der Verwaltung und der Gleichheitsgrundsatz im Regelfall zur Rücknahme führen muß; der Rechtsprechung des Bundesverwaltungsgerichts wird zugestanden, daß es gerechtfertigt ist, auch das Vertrauen des Staatsbürgers in angemessener Weise zu schützen.
Ganz nebenher und mühelos leistet es aber auch noch einen Beitrag zur Verwaltungsvereinfachung. Wenn man nur die auf Grund eines viel beachteten Urteils des Bundesverwaltungsgerichts (161) erlassenen, zwei Seiten langen Richtlinien des Bundesministers des Innern zur Behandlung zuviel gezahlter Dienst- und Versorgungsbezüge (162) mit der schlichten Nummer 3 des Vertrauensschutz-Prinzips vergleicht, zeigt sich dies sofort und eindringlich.

Aber schließlich erweist sich die Brauchbarkeit des Vertrauensschutz-Prinzips auch bei der Beurteilung von Einzelfragen. Es zeigt zum Beispiel, daß ein Verwaltungsakt, der erst bei einer ex-post-Betrachtung auf Grund geläuterter Rechtsauffassung fehlerhaft geworden ist, jedenfalls unter dem Gesichtspunkt des Vertrauensschutzes nicht zurückgenommen werden darf, da sich die Behörde im Zeitpunkt seines Erlasses nicht objektiv unverständig verhalten hat. Dieses Ergebnis entspricht einer weit verbreiteten Ansicht, die es für nicht gerechtfertigt hält, auch die fehlerhaften Verwaltungsakte der Rücknahme zu unterwerfen, deren rechtliche Beurteilung von Anfang an zwar anfechtbar, doch immerhin rechtlich vertretbar erschien (163).

Jetzt sind wir soweit vorgedrungen, daß wir kritisch auch zu dem Entwurf des vom Bundesminister des Innern Ende 1963 veröffentlichten Verwaltungsverfahrensgesetzes Stellung nehmen können (164).

Diese Kritik hat selbstverständlich davon auszugehen, daß es dem Gesetzgeber weitgehend freisteht, wie er den Vertrauensschutz im Verwaltungsrecht regeln will. Es ist ihm also unbenommen, eine Regelung zu treffen, die vom Vertrauensschutz-Prinzip abweicht. Es muß aber gefragt werden, ob die Abweichung von einem Rechtsinstitut, das der gesamten Rechtsordnung innewohnt und das sich bisher allen anderen denkbaren Generalisierungen als überlegen erwiesen hat und somit nach dem bisherigen Stand der Erkenntnis die optimale Lösung darstellt, sinnvoll ist.

Die Kritik wird deshalb im folgenden von der Frage ausgehen müssen, ob der Entwurf dem Vertrauensschutz-Prinzip gegenüber Vor- oder Nachteile bietet.

Sie wird sich aber darauf zu beschränken haben, diese Frage am Regelfall zu erörtern. Daß eine solche Beschränkung sinnvoll ist, folgt daraus, daß auch der Gesetzgeber sein Augenmerk in erster Linie auf die eindeutige Entscheidung des Regelfalles richten sollte. Ist der Regelfall einmal eindeutig und richtig entschieden, so ergibt sich alles Weitere meist von selbst. Der Glaube, in einer Kodifikation alle sich aus der Fülle des Lebens ergebenden Ausnahmefälle regeln zu können, hat sich ohnehin als Illusion erwiesen. Hierüber besteht heute kein Streit mehr (165).

Betrachten wir unter diesen Aspekten § 37 Abs. 2 des Entwurfs. Danach darf eine Behörde einen fehlerhaften begünstigenden Verwaltungsakt nur zurücknehmen, wenn das Vertrauen des Staatsbürgers nicht schutzwürdig ist. Abgesehen von den in den Nummern 1 bis 3 des Satzes 2 normierten Fällen, die schon Ausnahmen von der Regel darstellen, bleibt für den Regelfall, in dem einer unbewußt fehlgreifenden Behörde ein redlicher Staatsbürger gegenübersteht, offen, wann dessen Vertrauen nicht schutzwürdig sein soll.

Allein dieses Offenlassen zeigt, daß im Absatz 2 das erste Ziel jeder Kodifikation, zunächst den Regelfall eindeutig zu entscheiden, von den Verfassern des Entwurfs nicht erreicht worden ist.

An dem bestehenden Rechtszustand wird nämlich gar nichts geändert; es werden nur die Formeln „Treu und Glauben" und „Abwägungsprinzip" durch den unbestimmten Rechtsbegriff „Schutzwürdigkeit" ersetzt. Den Verfassern des Entwurfs ist dies auch nicht verborgen geblieben, denn sie schreiben, daß die anderen Orts geforderte Abwägung zwischen dem Schutzbedürfnis des Betroffenen und den Interessen der Verwaltung dem Begriff „Schutzwürdigkeit" immanent sei, und daß es auch einer Normierung des Grundsatzes von Treu und Glauben nicht bedürfe, da dieser Grundsatz bereits als Motiv für die Normierung des Vertrauensschutzes Anerkennung gefunden habe (166).

Damit liegt das Schwergewicht der Entscheidung aber nach wie vor im Einzelfall. Die Rechtssicherheit bleibt weiter auf der Strecke. Der Verwaltung werden weiter nur Steine statt Brot geboten. Auch dem Staatsbürger wird keine Klarheit verschafft. Diese Klarheit herbeizuführen, wird weiterhin den Gerichten überlassen, obwohl diese hierzu jedenfalls solange nicht in der Lage sein werden, solange sie glauben, Streitfälle auf Grund vager Interessenabwägungen entscheiden zu müssen.

Dies alles offenbart aber, daß auch Absatz 2 des Entwurfs dem Vertrauensschutz-Prinzip unterlegen ist. Dessen Überlegenheit ist es aber auch, die den kleinen, wenn auch folgenreichen Fehler bloßlegt, dem die Verfasser erlegen sind.

Sie glaubten, die Frage der Schutzwürdigkeit offenlassen zu müssen, obwohl hierfür gar kein Anlaß bestand. Denn im Regelfall, in dem der unbewußt fehlgreifenden Behörde ein redlicher Bürger gegenübersteht, ist dessen Vertrauen stets schutzwürdig, weil, wie wir wissen, auch ein fehlerhafter Verwaltungsakt stets eine Vertrauensgrundlage darstellt, auf deren Bestand der Staatsbürger zunächst einmal vertrauen darf.

Ist das aber erkannt, so gibt es für den Gesetzgeber – will er nicht in die Kasuistik geraten, sondern wirklich kodifizieren – nur zwei Möglichkeiten. Entweder er honoriert die Schutzwürdigkeit des Bürgers in der Weise, daß er ihm erlaubt, die Behörde an ihrem fehlerhaften Verwaltungsakt festzuhalten, oder aber er gewährt dem Staatsbürger einen Anspruch auf den Ersatz seines Vertrauensschadens und erlaubt der Behörde gleichzeitig, ihren Verwaltungsakt ex tunc zurückzunehmen.

Die zweite Alternative hat nicht nur den wesentlichen Vorteil, daß der Grundsatz der Gesetzmäßigkeit der Verwaltung und der Gleichheitsgrundsatz in vollem Umfang aufrechterhalten bleiben, sondern sie führt nach dem Satz, daß niemand aus dem unbewußten Mißgriff eines anderen Vorteile ziehen soll, daß ihm aber andererseits aus diesem Mißgriff auch keine Nachteile erwachsen dürfen, einen verständigen Ausgleich zwischen den Interessen des Bürgers und denen des Staates herbei.

Die erste Alternative hingegen führt zu Ergebnissen, die dem Staat gegenüber ungerecht sind, und zwar deshalb, weil unter Umständen nicht nur seine fiskalischen Interessen ungeschützt, sondern insbesondere auch die beiden eben genannten Verfassungsgrundsätze auf der Strecke bleiben müssen.

Ist das Vertrauen des redlichen Staatsbürgers aber stets schutzwürdig und kommt für die Honorierung dieser Schutzwürdigkeit nach alledem nicht die erste, sondern nur die zweite Alternative in Betracht, dann enthält Absatz 2 des Entwurfs, insbesondere der unbestimmte Rechtsbegriff „Schutzwürdigkeit" überhaupt keinen Raum mehr für allgemeine Interessenabwägungen.

Absatz 2 enthält etwas ganz anderes – er enthält eine Lücke, und zwar die gleiche Lücke, die wir im siebenten Kapitel zuerst beim § 9 Abs. 1 Nr. 2 BRRG (die Behörde hat nicht gewußt, daß sie einen Unwürdigen ernennt) mit der Folge geschlossen hatten, daß die die Beamtenernennung zurücknehmende Behörde dem Beamten dessen Vertrauensschaden ersetzen muß.

Würden sich die Verfasser des Entwurfs bereit finden, diese Lücke zu schließen, so wären an der Regelung des § 37 nur noch drei kleine Operationen auszuführen, um die optimale Lösung zu erreichen. Diese drei Operationen würden nicht einmal mehr Schmerzen verursachen.

Zunächst sollte bestimmt werden, daß die Behörde bei der Festsetzung des auszugleichenden Vermögensnachteils (Abs. 3 Satz 5 des Entwurfs) § 287 der Zivilprozeßordnung anzuwenden habe. Dies würde die Einwände ausräumen, die mit Recht darauf hingewiesen haben, daß das Entstehen und die Höhe eines Vertrauensschadens mitunter nicht leicht nachzuweisen ist (167).

Ferner sollte der durch nichts gerechtfertigte Unterschied zwischen Absatz 2 Satz 2 Nr. 3 (Fahrlässigkeit) und Satz 5 (grobe Fahrlässigkeit) beseitigt und eine einheitliche Regelung herbeigeführt werden. Würde man sich hier am Vertrauensschutz-Prinzip und somit an der Grundnorm des § 254 BGB orientieren, die mit entscheidend auf die Verursachung abstellt, so müßte wohl der Regelung des Satzes 5 des Absatzes 2 der Vorzug zu geben sein (168).

Die dritte und letzte Operation würde sich dann von selbst ergeben. Die Unterscheidung zwischen Verwaltungsakten, die eine einmalige oder laufende Geld-

oder Sachleistung gewähren und solchen, die nicht auf eine einmalige oder laufende Geld- oder Sachleistung gerichtet sind, könnte fallen.

Demnach sollte § 37 des Entwurfs – wenn man seine bisherige Fassung und seinen bisherigen Aufbau beibehalten will – etwa wie folgt lauten:

§ 37

*Rücknahme eines rechtswidrigen Verwaltungsaktes*

(1) ........................ darf nur unter den Einschränkungen der Absätze 2 bis 3 zurückgenommen werden.

(2) 1. Ein rechtswidriger begünstigender Verwaltungsakt darf zwar (ex tunc) zurückgenommen werden, jedoch hat die Behörde dem Betroffenen auf Antrag den Vermögensnachteil auszugleichen, den dieser dadurch erleidet, daß er auf den Bestand des Verwaltungsaktes vertraut hat. Der Vermögensnachteil ist jedoch nicht über den Betrag des Interesses hinaus zu ersetzen, das der Betroffene an dem Bestand des Verwaltungsaktes hat. Der auszugleichende Vermögensnachteil wird durch die Behörde festgesetzt; hierbei hat sie § 287 der Zivilprozeßordnung entsprechend anzuwenden. Der Anspruch kann nur innerhalb eines Jahres geltend gemacht werden; die Frist beginnt, sobald die Behörde den Betroffenen auf sie hingewiesen hat.

2. Der Anspruch entfällt, wenn der Begünstigte

a) die Rechtswidrigkeit des Verwaltungsaktes kannte oder infolge grober Fahrlässigkeit nicht kannte,

b) oder wenn der Begünstigte den Verwaltungsakt durch Angaben, die in wesentlicher Beziehung unrichtig oder unvollständig waren, oder durch arglistige Täuschung, Drohung oder Bestechung erwirkt hat.

3. Bereits gewährte Leistungen sind zu erstatten. Für den Umfang der Erstattung gelten die Vorschriften des Bürgerlichen Gesetzbuches über die Herausgabe einer ungerechtfertigten Bereicherung entsprechend. Auf den Wegfall der Bereicherung kann sich der Erstattungspflichtige nicht berufen, soweit die Voraussetzungen der Nr. 2a oder b vorliegen.

(3) Die Rücknahme ist nur innerhalb ..............................
..............................................................

(4) Für Streitigkeiten ..............................................

In seiner jetzigen Fassung sollte § 37 des Entwurfs jedenfalls nicht Gesetz werden.

Sein Inkrafttreten wäre geradezu gefährlich. Die in Absatz 3 Satz 3 des Entwurfs enthaltene Verweisung könnte die Praxis dazu verleiten, entweder zunächst im Rahmen einer allgemeinen Interessenabwägung zu prüfen, ob die Rücknahme unter gleichzeitiger Gewährung eines Schadensausgleichs überhaupt zulässig ist oder aber sie dazu veranlassen, die Rücknahme zwar zu gestatten, die Gewährung eines Schadensausgleichs jedoch von einer allgemeinen Interessenabwägung abhängig zu machen.

Ein soeben erschienener Kommentar zum Landesverwaltungsgesetz für das Land Schleswig-Hostein (169), aber auch die schon erwähnte Entscheidung des Bundesverwaltungsgerichts (170) zeigen, daß diese Befürchtungen nur zu begründet sind.

Beides wäre aber widersinnig. Denn Absatz 3 hat, und zwar im Einklang mit der Gesamtrechtsordnung bereits die – und darum nicht mehr gesondert anzustellende – Interessenabwägung vollzogen, indem er das Rücknahmerecht der Behörde mit einem auf das Vertrauensinteresse gerichteten Schadensersatzanspruch verknüpft hat.

Würde dies die Praxis nicht erkennen, so würde Absatz 3, der der optimalen (171) Lösung schon sehr nahe ist, sich von dieser wieder unendlich weit entfernen.

Die Verwirrung in der Frage der Rücknahme fehlerhafter begünstigender Verwaltungsakte wäre größer als zuvor.

Der Gedanke, das Problem der Rücknahme fehlerhafter begünstigender Verwaltungsakte dadurch zu lösen, daß man das Recht auf Rücknahme mit einem auf das Vertrauensinteresse gerichteten Schadensersatzanspruch verknüpft, ist indessen keineswegs neu.

Die Möglichkeit einer derartigen Lösung ist wohl zuerst vom Bundesverwaltungsgericht im Rahmen eines obiter dictum in der Revisionsentscheidung des Witwenpensionsurteils angedeutet, aber später nie weiter verfolgt worden (172).

Ein ausdrücklicher Hinweis auf § 122 BGB findet sich auch bei Forsthoff, der diese Vorschrift jedoch zu eng mit der Irrtumsanfechtung verknüpft und deshalb die Anwendung des § 122 BGB als „Revolutionierung des gesamten Verwaltungsrechts" ablehnt (173).

In seinem Bericht zur Rechtsprechung des Bundesverwaltungsgerichts hat auch Bachof die Frage aufgeworfen, ob nicht nur das negative Interesse des begünstigten Staatsbürgers Berücksichtigung finden dürfe, ohne die Frage jedoch zu beantworten (174).

Bald darauf hat auch Baur, freilich ohne grundsätzliche Erörterungen anzustellen, darauf hingewiesen, daß sowohl durch einen begünstigenden Verwaltungsakt als auch durch eine Willenserklärung auf die Rechtsposition eines anderen eingewirkt werde, so daß dieser ein schutzwürdiges Interesse an dem Bestand dieser einmal geschaffenen Rechtslage habe. Infolge dieser gemeinsamen Sachproblematik solle daher § 122 BGB auch auf die Rücknahme fehlerhafter begünstigender Verwaltungsakte angewandt werden (175).

Letztlich haben auch Becker-Luhmann in ihrer schon mehrfach erwähnten Monographie „Verwaltungsfehler und Vertrauensschutz" die Ansicht vertreten, daß die Problematik de lege ferenda mit Hilfe des § 122 BGB gelöst werden sollte (176).

Neu an der vorliegenden Arbeit ist, daß hier die Auffassung vertreten wird, § 122 BGB habe de lege lata Anwendung zu finden.

Hierbei kann offenbleiben, ob das Vertrauensschutz-Prinzip ein Instrument richterlicher Rechtsfindung ist, wie Bartolomeyczik meint (177), oder ob ihm, wie es der Auffassung des Reichsgerichts entsprechen würde (178), Rechtssatzcharakter zukommt. Beide Auffassungen führen letzten Endes zum selben Ergebnis. Es kann daher keinen Bedenken begegnen, wenn hier der Auffassung des Reichsgerichts gefolgt wird (179).

# X
## *Schlußwort*

Blicken wir noch einmal zurück, so wird uns unwillkürlich Hedemanns berühmte 1933 erschienene Schrift „Die Flucht in die Generalklauseln" in den Sinn kommen. Sie trägt den Untertitel „Eine Gefahr für Recht und Staat". Es gibt wohl keine, die den Fluch und den Segen der Generalklauseln in so erregender Weise dargestellt hat wie sie. Sie hat bis heute nichts von ihrer Aktualität verloren; wie wir jetzt sehen, ist sie aktueller denn je.

Und doch – in einem werden wir Hedemann nicht zu folgen vermögen. Wir werden nach den hinter uns liegenden Einsichten nicht mehr glauben wollen, daß man dem Fluch der Generalklauseln schon dadurch entrinnen könne, daß man diesen „unheimlich vordringenden" Wesen „scharf ins Gesicht sehe und sich die äußerste Sparsamkeit in ihrem Gebrauch zur Pflicht mache" (180).

Die Crux liegt ja gerade darin, daß die Generalklauseln uns nicht sagen, wann wir ausnahmsweise einmal großzügig und wann wir sparsam zu sein haben. So sehr wir ihrem sphinxhaften Wesen auch ins Auge blicken, sie lassen stets nur erkennen, was nicht das Gesetz, sondern nur was wir selbst in sie hineingelegt haben (181).

Darum werden wir zwischen Segen und Fluch, zwischen Skylla und Charybdis unangefochten nur hindurchsteuern, wenn wir das fest ins Auge fassen, was auch Lerche meinte, als er schrieb:

„Nicht minder wichtig als Denkformen sind Denkformeln. Die bisher geläufigen Formeln und Klauseln, typisch z. B. die Zumutbarkeitsklausel des Bundesverfassungsgerichts, sind meist nur Blankette – ohne die Würze der Zwischenfiguren –, die dann kühn und sofort auf den Einzelfall umgeschlagen werden. Wie auf der einen Seite ein Übermaß an Methode, so gibt es an dieser Stelle ein Untermaß. Für den jeweiligen Entwicklungsstand einer juristischen Disziplin besteht aber so etwas wie ein Optimum an zuträglicher Methodik" (182).

Aber diese Zwischenfiguren – sprich allgemeine Rechtsgedanken –, die es uns erlauben, dort, wo es notwendig ist, der Enge der Einzelnormen zu entfliehen, ohne zugleich in die Uferlosigkeit der Generalklauseln vordringen zu müssen, gewinnen wir mit hinreichender Genauigkeit nur, wenn wir sie im Wege der Induktion aus speziellen Normen entwickeln, nicht aber, wenn wir sie im Wege der Deduktion aus den Generalklauseln abzuleiten versuchen. Angesichts deren Unbestimmtheit wäre dies nichts als Selbstbetrug.

Mit innerer Zwangsläufigkeit führt darum selbst ein zunächst gewagt erscheinender induktiver Schluß trotz der ihm anhaftenden Problematik zu genaueren und – was entscheidend ist – zu gesetzestreueren Ergebnissen als ein vermeintlich deduktiver, der die Generalklauseln zum Ausgangspunkt hat.

So ist am Ende offenbar geworden, daß der Richter seine königliche Würde nicht aus der Anwendung der Generalklauseln, sondern aus der souveränen Handhabung des Analogieschlusses empfängt und gerade auf diese Weise seine Demut vor dem Gesetz erweist.

Sollte diese kleine Schrift, die – so gesehen – auch einen Beitrag zur Methode und Kunst der Rechtsfindung geleistet haben möchte, hierfür den Blick geschärft haben, so hat sie ihren Zweck erfüllt, wie man zu ihren Ergebnissen im einzelnen auch immer stehen mag (183).

# XI
## *Anhang*

– Literaturnachweis –


| | |
|---|---|
| *von Altrock* | Der Standort der Sozialversicherung im Rechtsgefüge, in „Sozialreform und Sozialrecht", Festschrift für W. Bogs, Berlin 1959 |
| *Bachof* | Verfassungsrecht, Verwaltungsrecht, Verfahrensrecht in der Rechtsprechung des BVerwG, Band I u. II, 3. Auflage, Tübingen 1966 |
| *Bartholomeyczik* | Die Kunst der Gesetzesauslegung, Frankfurt 1951 |
| *Baur* | Neue Verbindungslinien zwischen Privatrecht und öffentlichem Recht, Aufsatz in JZ 1963, 43 ff |
| *Becker* | Rechtsprechung des Bundesverwaltungsgerichts zum Grundgesetz, Jahrbuch des öffentlichen Rechts n. F. Bd. 15, S. 263 ff |
| *Becker-Luhmann* | Verwaltungsfehler und Vertrauensschutz, Schriftenreihe der Hochschule Speyer, Bd. 16 |
| *Bettermann* | Die Bindung der Sozialbehörden an Gesetz und Recht in „Rechtsschutz im Sozialrecht", Köln 1965 |
| BGB-RGRK | Reichsgerichtsrätekommentar zum BGB, 11. Auflage, Berlin 1960 |
| *Bidinger* | Kommentar zum Personenbeförderungsgesetz, Berlin 1961 (Nachtrag 1962) |
| *Böhmer* | Die Verwirkung im öffentlichen Recht, Aufsatz in Bay. Verw. Blättern 1956, 129 ff u. 173 ff |
| *Bogs* | Zur Bindung der Versicherungsträger an fehlerhafte Verwaltungsakte in „Aktuelle Fragen der Individual- und der Sozialversicherung", Festgabe für Roehbein, Karlsruhe 1962 |
| *Brackmann* | Zu den Aufgaben der Rechtsprechung in „Grundsatzfragen der sozialen Unfallversicherung", Festschrift für H. Lauterbach, Berlin 1961 |
| *Brecht, Arnold* | Politische Theorie, Tübingen 1961 |
| *Breuckmann* | Wandlungen rechtsstaatlicher Verwaltung, Schriftenreihe der Hochschule Speyer, Bd. 13, Berlin 1962 |
| *Eichler* | Die Rechtslehre vom Vertrauen, Tübingen 1950 |
| *Engisch* | Einführung in das juristische Denken, Stuttgart 1956 |
| *Enneccerus-Nipperdey* | Allgemeiner Teil des Bürgerlichen Rechts, 1. Bd., 2. Halbband, 15. Auflage, Tübingen 1960 |
| *Erman* | Handkommentar zum BGB, 1. Band, 4. Auflage, Münster 1967 |
| *Esser* | Lehrbuch des Schuldrechts, Allgemeiner und besonderer Teil, 2. Auflage, Karlsruhe 1960 |
| EVwVerfG 1963 | Musterentwurf eines Verwaltungsverfahrensgesetzes, Köln/Berlin 1964 |
| *Eyermann-Frohler,* VwGG | Kommentar zum Verwaltungsgerichtsgesetz, 2. Auflage, München 1954 |

| | |
|---|---|
| *Eyermann-Fröhler,* VwGO | Kommentar zur Verwaltungsgerichtsordnung, 4. Auflage, München 1965 |
| *Feneberg* | Zum Musterentwurf eines Verwaltungsverfahrensgesetzes, Aufsatz in DVBl 1965, 222 ff |
| *Flume* | Allgemeiner Teil des Bürgerlichen Rechts, Band II: Das Rechtsgeschäft, Berlin 1965 |
| *Forsthoff* | Lehrbuch des Verwaltungsrechts, Band II, Allgemeiner Teil<br>a) 7. Auflage, München 1958<br>b) 9. Auflage, München 1966 |
| *Giese-Neuwiem-Cahn* | Deutsches Verwaltungsrecht, Berlin 1930 |
| *Greif* | Kommentar zum Personenbeförderungsgesetz, München 1961 |
| *von der Groeben-Knack* | Kommentar zum Allgemeinen Verwaltungsgesetz für das Land Schleswig-Holstein (Landesverwaltungsgesetz) Köln/Berlin/Bonn/München 1968 |
| *Haueisen* Bestandskraft | Die Bestandskraft rechtswidriger Rentenbescheide, Aufsatz in Deutsche Rentenversicherung 1962, 81 ff |
| *Haueisen* Kodifikationsprobl. | Die Rücknahme von Verwaltungsakten als Kodifikationsproblem, Aufsatz in DVBl 1964, 11 ff |
| *Haueisen* Rücknahme | Die Rücknahme fehlerhafter Verwaltungsakte, Aufsatz in NJW 1954, 1425 ff |
| *Haueisen* Vertrauensschutz | Zum Problem des Vertrauensschutzes im Verwaltungsrecht, Aufsatz in DVBl 1964, 710 ff |
| *Hedemann* | Die Flucht in die Generalklauseln, Tübingen 1933 |
| *Heuer* | Gesetzesauslegung gegen den eindeutigen Gesetzeswortlaut? Aufsatz in „Die Kriegsopferversorgung" 1961, 25 ff |
| *Ipsen, Hans* | Widerruf gültiger Verwaltungsakte, Abhandlungen und Mitteilungen aus dem Seminar für öffentliches Recht der Hamburgischen Universität, Heft 26, Hamburg 1932 |
| *Jellinek* | Verwaltungsrecht, 3. Auflage, Offenburg 1931/48 |
| *Jesch* | Gesetz und Verwaltung, Tübinger rechtswissenschaftliche Abhandlungen, Band 2, Tübingen 1961 |
| *Jonas* | Kommentar zur Zivilprozeßordnung, 1. Band, 16. Auflage, Tübingen 1938 |
| *v. Köhler* | Grundlehren des Deutschen Verwaltungsrechts, Berlin 1935 |
| *Kormann* | System der rechtsgeschäftlichen Staatsakte, Berlin 1910 |
| *Krebs* | Kommentar zum Gesetz über die Arbeitsvermittlung und Arbeitslosenversicherung, Stand: 30. September 1966, Mannheim/Berlin |
| *Kretschmer* | Zur Rückforderung zuviel gezahlter Dienst- und Versorgungsbezüge, Aufsatz in der Zeitschrift für Beamtenrecht (ZBR) 1959, 311 ff |
| *Landmann-Rohmer* | . . . Eyermann-Fröhler, Kommentar zur GewO, 12. Auflage, München/Berlin 1964 |
| *Larenz* I o. II | Lehrbuch des Schuldrechts (Band I: Allgemeiner Teil; Band II: Besonderer Teil), 8. Auflage, München/Berlin 1967 |

| | |
|---|---|
| *Larenz* A. T. | Lehrbuch zum Allgemeinen Teil des Bürgerlichen Rechts, München/Berlin 1967 |
| *Larenz* Methodenlehre | Methodenlehre der Rechtswissenschaft, Berlin 1960 |
| *Lehmann* A. T. | Allgemeiner Teil des BGB, 15. Auflage, Berlin 1966 |
| *Lehmann* Verwirkung | Zur Lehre von der Verwirkung, Aufsatz in JW 1936, 2193 ff |
| *Leisegang* | Denkformen, 2. Auflage, Berlin 1951 |
| *Lerche* | Stil, Methode, Ansicht, Aufsatz in DVBl 1961, 690 ff |
| *Lorenz* | Über tierisches und menschliches Verhalten; Gesammelte Abhandlungen, Band II, München 1965 |
| *Maunz-Dürig* | Kommentar zum Grundgesez, Berlin/München 1966 |
| *Mayer* | Deutsches Verwaltungsrecht, 1. Band, 3. Auflage, München/Leipzig 1924 (Nachdruck München 1961) |
| *Menger* | Höchstrichterliche Rechtsprechung zum Verwaltungsrecht, fortgesetzte Reihe im Verwaltungsarchiv |
| *Merk* | Deutsches Verwaltungsrecht, Band I, Berlin 1962 |
| *Nebinger* | Verwaltungsrecht, Allgemeiner Teil, 2. Auflage, Stuttgart 1949 |
| *Ohr* | Die soziale Zweckjurisprudenz, Aufsatz in NJW 1967, 1255 ff |
| *Ortega y Gasset* | Aufstand der Massen in Rowohlts Deutsche Enzyklopädie, Reinbek bei Hamburg 1967 |
| *Ossenbühl* Problem | Zum Problem der Rücknahme fehlerhafter begünstigender Verwaltungsakte, Aufsatz in DÖV 1964, 511 ff |
| *Ossenbühl* Rücknahme | Die Rücknahme fehlerhafter begünstigender Verwaltungsakte, 2. Auflage, Berlin 1965 |
| *Palandt* | Kommentar zum BGB, 26. Auflage, München/Berlin 1967 |
| *Peters* | Lehrbuch der Verwaltung, Berlin 1949 |
| *Plog-Wiedow* | Kommentar zum Bundesbeamtengesetz, Bonn 1958 |
| *Rohwer-Kahlmann* | Gesetzmäßigkeit der Verwaltung, in „Wandlungen der rechtsstaatlichen Verwaltung", Schriftenreihe der Hochschule Speyer, Band 13 |
| *H. Rosin* | Das Recht der Arbeitsversicherung, Berlin 1893, Band I u. II |
| *Rupp* | Grundfragen der heutigen Verwaltungsrechtslehre, Tübingen 1965 |
| *Scheerbarth* | Ist im Verwaltungsrecht die Hermeneutik auf Abwegen? – Aufsatz in DVBl 1960, 185 ff |
| *Scheuner* | Die neuere Entwicklung des Rechtsstaates in Deutschland, – 100 Jahre Deutsches Rechtsleben –, Festschrift zum 100-jährigen Bestehen des DJT, Band II |
| *Schieckel* | Kommentar zum Gesetz über die Arbeitsvermittlung und Arbeitslosenversicherung, München, Stand: Mai 1967 |
| *Schütz* | Der Widerruf gesetzwidriger begünstigender Verwaltungsakte, Aufsatz in DÖV 1958, 449 ff |
| *Siebert* | Verwirkung und Unzulässigkeit der Rechtsausübung, Marburg 1934 |

*Siegel* — Das Versprechen als Verpflichtungsgrund, Berlin 1873

*Sigl* — Handkommentar zum Personenbeförderungsgesetz, Berlin 1962 (Nachtrag 1966)

*Soergel-Siebert* — Kommentar zum BGB
a) Band I, 10. Auflage, Stuttgart 1967
b) Band II, 9. Auflage, Stuttgart 1962

*Staudinger* — Kommentar zum BGB, 11. Auflage, Berlin 1958

*Stich* Vertrauensschutz — Vertrauensschutz im Verwaltungsrecht, Dissertation, Mainz 1954

*Stich* Verwstreitverf. — Die Verwirkung prozessualer Befugnisse im Verwaltungsstreitverfahren, DVBl 1956, 325 ff

*Stich* Verwirkung — Die Verwirkung im Verwaltungsrecht, Aufsatz in DVBl 1959, 234 ff

*Thieme* — Empfiehlt es sich, die Rücknahme fehlerhafter Verwaltungsakte der Sozialleistungsträger gesetzlich neu zu regeln? – Referat in Verhandlungen des 45. DJT, Band II, Teil H, München/Berlin 1965

*Titze* — Vom sogenannten Motivirrtum, Festschrift für Ernst Heymann, Weimar 1940

*v. Turegg* — Zum Widerruf von Verwaltungsakten, Aufsatz in JR 1952, 18 ff

*Ule* — Wandlungen der rechtsstaatlichen Verwaltung, Schriftenreihe der Hochschule Speyer, Band 13

*Ule-Becker* — Verwaltungsverfahren im Rechtsstaat, Köln 1964

VfG — Gesetz über das Verwaltungsverfahren der Kriegsopferversorgung, herausgegeben vom Bundesminister für Arbeit und Sozialordnung, Bonn 1965

*Werner* — Verwaltungsrecht als konkretisiertes Verfassungsrecht, Aufsatz in DVBl 1959, 527 ff

*Witten* — Der Bürger zwischen den Gewalten, Aufsatz in NJW 1968, 18 ff

*Wolff* — Verwaltungsrecht I, Lehrbuch, 6. Auflage, München 1965

*Zeidler* — Empfiehlt es sich, die bestehenden Grundsätze über Auskünfte und Zusagen der öffentlichen Verwaltung beizubehalten? – Gutachten zum 44. DJT, Band I, Teil 2

*Zitelmann* — Lücken im Recht, Leipzig 1903

– Anmerkungen –

(1) *Ortega y Gasset*, Aufstand, S. 83

(2) Im Sinne *Leisegangs*, Denkformen, S. 447 ff

(3) Gesetz- und Verordnungsblatt Schleswig-Holstein 1967, 131 (155)

(4) Dasselbe Problem besteht natürlich auch bei der teilweisen Rücknahme oder Einschränkung eines begünstigenden Verwaltungsaktes; ferner dann, wenn ein belastender Verwaltungsakt zuungunsten des Bürgers geändert

werden soll, weil nach dem Gesetz eigentlich ein belastenderer Verwaltungsakt als der tatsächlich erlassene hätte ausgesprochen werden müssen.

(5) a) Unfallversicherungsgesetz (UVG) vom 6. Juli 1884 (RGBl. S. 69)

b) Gesetz betreffend die Invaliditäts- und Altersversicherung (IuAVG) vom 22. Juni 1889 (RGBl. S. 97)

(6) a) § 65 Abs. 1 UVG: „Tritt in den Verhältnissen, welche für die Feststellung der Entschädigung maßgebend gewesen sind, eine wesentliche Veränderung ein, so kann eine anderweitige Feststellung derselben auf Antrag oder von Amts wegen erfolgen."

b) § 33 Abs. 1 IuAVG: „Tritt in den Verhältnissen des Empfängers einer Invalidenrente eine Veränderung ein, welche ihn nicht mehr als dauernd erwerbsunfähig (§ 9) erscheinen läßt, so kann demselben die Rente entzogen werden."

(7) Vgl. die Revisionsentscheidungen des Reichsversicherungsamtes (RVA), veröffentlicht in „Amtliche Nachrichten des Reichsversicherungsamtes" (ANRVA), Jhg. 1896, 394 f (Nr. 527): „Der rechtskräftige (Renten-)Bescheid steht demnach seiner Wirkung dem rechtskräftigen Urteil durchaus gleich. . .";
Jhg. 1894, 159 f (Nr. 389, Sonderausgabe Invaliditäts- und Altersversicherung); Jhg. 1895, 251 (Nr. 459, Sonderausgabe); Jhg. 1898, 393 (Nr. 673):
„Denn der eine Rente festsetzende Bescheid ist . . . in erster Linie ein der Rechtskraft fähiger richterlicher Spruch. . ."
ebenso in der Lehre: *Rosin*, Arbeiterversicherung I, S. 759 ff; II. S. 840
Der gleiche Rechtsgedanke fand Anwendung, wenn das RVA eine Berufung des Versicherungsträgers gegen dessen eigenen Bescheid nicht zuließ; vgl. Rekursentscheidung ANRVA 1888, 347 (Nr. 635)
Eine Zusammenfassung dieser Spruchpraxis gibt *Rohwer-Kahlmann*, Gesetzmäßigkeit, S. 45 ff

(8) RGBl. 1911, 509

(9) Vgl. § 1744 RVO a. F.: „Gegenüber einem *rechtskräftigen Bescheid* oder Endbescheid eines Versicherungsträgers kann eine neue Prüfung beantragt oder vorgenommen werden, wenn. . ."
*Thieme*, Referat, S. H 13, stellt dazu treffend fest: „Die RVO geht davon aus, daß auch Verwaltungsbehörden Entscheidungen treffen können, die Rechtsakte sind, ähnlich den gerichtlichen Entscheidungen. . . Diese Auffassung war in einer Zeit verständlich, in der man die Verwaltung gern als eine Tätigkeit definierte, die nach Ermessen entscheidet, die Rechtsprechung dagegen als eine Tätigkeit, die an das Gesetz gebunden ist."

(10) Unter „allgemeine Verwaltung" sollen hier alle Rechtsgebiete verstanden werden, die unter die Zuständigkeit der Verwaltungs- und Finanzgerichte fallen. Nicht hierher gehören also die Gebiete, für die die Sozialgerichte zuständig sind.

(11) Als problematisch wurde nur der Widerruf rechtmäßiger begünstigender Va'e angesehen;
vgl. die thematische Beschränkung der Monographie von *Ipsen*, Widerruf

(12) Pr.OVG 24,344 (350): „Die Zurücknahme einer Bauerlaubnis kann . . . erfolgen, wenn die Bauerlaubnis sich mit dem zur Zeit der Erteilung geltenden öffentlichen Polizeirechte in Widerspruch setzt." – Ebenso auch für den Fall einer Bauerlaubnis Pr.OVG 40,377 (378,79)

Sächs. OVG, JW 1935, 2463: „Nach allgemeinen Rechtsgrundsätzen des deutschen Verwaltungsrechts . . . kann ein Verwaltungsakt, der dem zur Zeit seines Erlasses geltenden Rechte widerspricht, von der Verwaltungsbehörde widerrufen werden."

*Giese* in Giese-N-C, Verwaltungsrecht, S. 102

*Kormann*, Staatsakte, S. 388; *v. Köhler*, Verwaltungsrecht, S. 194

(13) BGH, NJW 1951, 359: Ein dritte Personen begünstigender Verwaltungsakt kann grundsätzlich von der erlassenden Behörde widerrufen werden, sei es, daß er nichtig oder nur aufhebbar ist.

OVG Lüneburg, MDR 1952, 381: Sie (begünstigende Va'e) können . . . dann widerrufen werden, wenn sie gesetzwidrig waren, selbst wenn hierdurch die durch sie begründeten Rechte des Betroffenen berührt werden.

OVG Münster, DÖV 1956, 151

Bay. VwGH, Verw.Rspr. 1954, 144 (Nr. 34): Der Widerruf eines formell rechtskräftigen begünstigenden Verwaltungsakts ist nach Rechtsprechung und Rechtslehre dann zulässig, wenn der Verwaltungsakt sachlich im Widerspruch mit einer gebietenden Rechtsvorschrift ergangen ist; denn es ist Pflicht der öffentlichen Gewalt, den dem Gesetz entsprechenden Zustand herzustellen und aufrechtzuerhalten.

OVG Berlin, DVBl. 1954, 129

BVerwG, DVBl. 1957, 497 (eine ablehnende Anmerkung hierzu von Haueisen a. a. O. S. 751 f)

*Peters*, Verwaltung, S. 169: Gesetzwidrige Verwaltungsakte sind i. d. R. zwar nicht nichtig, aber stets widerruflich. Es wäre untragbar, wollte man den Vertrauensschutz im öffentlichen Recht auch auf rechtswidrige Akte ausdehnen.

*Nebinger*, Verwaltungsrecht, S. 218; *Jellinek*, Verwaltungsrecht, S. 282–284

(14) vgl. etwa *Eyermann-Fröhler*, VwGG, Anhang zu § 35, Anmk. IV 2 b (Seite 130); *Haueisen*, Rücknahme, S. 1427 f – (noch sehr vorsichtig) entsprechend *v. Turegg*, Widerruf, S. 18 ff. der unter grundsätzlicher Beobachtung des formell-rechtlichen Lösungsweges „Ausnahmen" feststellt

(15) Unter „Sozialverwaltung" sollen hier die zur Zuständigkeit der Sozialgerichte gehörenden Rechtsgebiete verstanden werden.

(16) Eine Darstellung dieser Entwicklung und der daraus folgenden Fehlerquellen enthalten die Diskussionsbeiträge zu *Thieme*, Referat: *Langkeit* S. H 57; *Wickenhagen* S. H 63–67; *Heller* S. H 70–73

(17) Diese Sorge wird vor allem von *Wickenhagen* und *Heller* a. a. O. hervorgehoben. Sie war auch eine Ursache dafür, daß sich der DJT mit dieser Problematik im Bereich des Sozialrechts beschäftigte und schließlich eine Änderung der zu starren Regel des § 1744 RVO befürwortete.

(18) *Forsthoff*, Lehrbuch, 7. Aufl., S. 240 f

(19) nicht mit voller Berechtigung, wie sich später zeigen wird

(20) DVBl. 1957, 503 mit zustimmender Anmerkung von *Haueisen;* in der Revision allerdings nur im Ergebnis, nicht auch in der Begründung bestätigt durch BVerwG 9, 251 ff = NJW 1960, 692

(21) Daher wird vom BVerwG in der Revisionsentscheidung ausdrücklich die Argumentation des OVG Berlin abgelehnt, daß die Rücknahme eines begünstigenden Verwaltungsaktes nur unter den Voraussetzungen erfolgen könne, die für den Erlaß eines jeden anderen belastenden Verwaltungs-

aktes auch gelten, und daß ohne eine die Rücknahme legitimierende Eingriffsermächtigung die Rücknahme nur dann ausgesprochen werden könne, wenn der Fortbestand des Verwaltungsaktes mit zwingenden öffentlichen Interessen unvereinbar sei.
*Becker-Luhmann*, Verwaltungsfehler, S. 22 f

(22) BVerwG, DVBl. 1958, 652 (654): „(Es ist) für die Entscheidung der Frage, ob die Rücknahme eines gesetzwidrig begünstigenden Verwaltungsaktes rechtmäßig ist, abzuwägen zwischen dem grundsätzlich zu bejahenden öffentlichen Interesse an der gleichmäßigen Gewährleistung eines dem Gesetz entsprechenden Zustandes und den Einzelinteressen des begünstigten Bürgers, der in seinem Vertrauen auf die Beständigkeit behördlicher Entscheidungen mit Recht geschützt sein will."
Im gleichen Sinn z. B.: BVerwG 9, 251 (252); 10,308 (309)

(23) BVerwG, DVBl. 1958, 652 (654): „Dieser Grundsatz (daß ein begünstigender Verwaltungsakt, der gegen eine zwingende materielle Rechtsnorm verstößt, grundsätzlich zurückgenommen werden kann) gilt jedoch im Hinblick darauf, daß auch das öffentliche Recht von dem Grundsatz des Vertrauensschutzes nach Treu und Glauben beherrscht ist (BVerwG 3, 199) nur mit dem Vorbehalt, daß nicht das schutzwürdige Interesse des Begünstigten an der Aufrechterhaltung des Verwaltungsaktes von größerem Gewicht ist als die aus dem Grundsatz der Gesetzmäßigkeit der Verwaltung folgende Notwendigkeit, der Rechtsordnung durch nachträgliche Beseitigung des gesetzwidrigen Verwaltungsaktes Geltung zu verschaffen."
ebenso BVerwG 8,261 ff (269 f); 11,136 (137)

(24) Vgl. in Anmk. (23): BVerwG, DVBl. 1958, 652 (654); ferner BVerwG 8, 261 (269); 9,251 ff = NJW 1960, 692; 10, 308 (309)

(25) BVerwG, NJW 1961, 1130 f; NJW 1964, 1289; BVerwG 11,136; 13,28 (32) – anders wieder in BVerwG 19,188 (190 f): „Es ist . . . nicht auf das Vertrauensinteresse schlechthin, sondern entscheidend darauf abzustellen, ob das Außerachtlassen des Vertrauensinteresses im einzelnen Fall gegen Treu und Glauben verstößt."

(26) *Bachof*, Rechtsprechung I, S. 261 f
*Jesch*, Gesetz, S. 195

(27) So insbesondere BVerwG, NJW 1961, 1130 f

(28) Vgl. in Anmk. (22)

(29) Diese Feststellung wird nicht etwa durch die relativ allgemein gefaßten Leitsätze des BVerwG widerlegt. Wenn dort ausgesprochen wird, daß (vereinfachend ausgedrückt) eine ex-tunc-Rücknahme regelmäßig nicht, eine ex-nunc-Rücknahme dagegen regelmäßig zulässig sein wird, so sind damit letztlich nur vage Andeutungen gegeben, von denen im Einzelfall ohne weiteres abgewichen werden kann.
Die mangelnde Verläßlichkeit dieser sog. Regeln zeigt insbesondere *Bachof* in JZ 1966, 604 f bei einer Gegenüberstellung der Entscheidungen BVerwG 17,55 (59); 17,335 (337); 19,188 ff; 21,119 (122 ff)

(30) Eine Aufzählung der zu berücksichtigenden Momente bringt *Haueisen*, Vertrauensschutz, S. 716 ff. Hier soll eine schlagwortartige Aufzählung genügen: Art des Va's (gestaltend, feststellend, Dauerwirkung, Doppelwirkung), Ursache der Rechtswidrigkeit (Verantwortungsbereich), Ausgestaltung des Verwaltungsverfahrens, zeitlicher Bestand des Va's, getroffene Dispositionen, Änderung der Lebensführung, Verschiedenheit der Rechtsgebiete.

(31) *Werner,* Verwaltungsrecht, S. 527 ff

(32) Darauf weisen insbesondere hin:
*Bachof,* JZ 1966, 604 f; *Kretschmer,* Rückforderung, S. 312; *Ossenbühl,* Rücknahme, S. 37 f und 44 ff; *Langkeit,* zu *Thieme,* Referat, S. H 54
Aber auch im EVwVerfG 1963, S. 163, heißt es: „Rücknahme und Widerruf von Verwaltungsakten sind nur für wenige Rechtsgebiete, insbesondere für das Polizei- und Ordnungsrecht, abschließend geregelt. Dieser Umstand sowie die häufig erheblichen Auswirkungen, die die Rücknahme oder der Widerruf von Verwaltungsakten für die davon Betroffenen hat, haben dazu geführt, daß die Aufhebung von Verwaltungsakten zu einem der in der Literatur am meisten diskutierten Probleme des allgemeinen Verwaltungsrechts geworden ist; auch die Rechtsprechung hat sich in den letzten Jahren in zahlreichen Entscheidungen hiermit befassen müssen. Die unterschiedlichen Auffassungen haben zu einer erheblichen Rechtsunsicherheit geführt, die zu beenden eine der wichtigsten Aufgaben des Gesetzgebers auf dem Gebiete des allgemeinen Verwaltungsrechts ist."

(33) *Brecht,* Theorie, stellt auf S. 477 ff auf Grund seiner Überlegungen eine (vorläufige) Liste universaler und invarianter Gerechtigkeitspostulate auf, nämlich: 1. Wahrheit, 2. Generalität, 3. *Gleiche Behandlung dessen, was nach dem akzeptierten Wertsystem gleich ist,* 4. Keine über die Erfordernisse des akzeptierten Wertsystems hinausgehende Freiheitsbeschränkung, 5. Achtung vor den Naturnotwendigkeiten.

(34) Diese Gefahr sieht besonders *Ossenbühl,* Rücknahme, S. 37 f S. 44 ff

(35) Darauf wird auch zutreffend hingewiesen im EVwVerfG 1963, S. 164

(36) Vgl. insbesondere *Forsthoff,* Lehrbuch 7. Aufl., Vorwort und S. 240 f u. 9. Aufl., S. 253 f
*Schütz,* Widerruf, S. 449 ff; *Scheerbarth,* Hermeneutik, S. 185 ff; *Rupp,* Grundfragen, S. 258, Anmk. 474; *Zeidler,* Auskünfte und Zusagen, S. 68–75; *Scheuner,* Rechtsstaat, S. 229 (253); *Ule,* Wandlungen, S. 65 ff; *Breuckmann,* Wandlungen, S. 198

(37) Vgl. z. B. *Menger,* Verwaltungsarchiv 1959, 77 ff (86); 1960, 149 ff (155); *Wolff,* Lehrbuch I, S. 319–322; *Maunz* in Maunz-Dürig, GG, Rdnr. 147 zu Art. 20 GG; *Eyermann-Fröhler,* VwGO, Anhang zu § 42, Anmk. 38, 39; *Becker,* Rechtsprechung, S. 275 Anmk. 63

(38) § 37 EVwVerfG 1963, S. 26 ff

(39) Die mangelnde Konkretisierung des Begriffs „Schutzwürdigkeit" wird z. B. gerügt von:
*Thieme* Referat, S. H 26; *Sellmann,* zu Thieme, Referat, S. H 44; *Ossenbühl,* Rücknahme, S. 164 f, und in Problem, S. 518 f; *Feneberg,* Musterentwurf, S. 224

(40) EVwVerfG 1963, S. 170

(41) *Ule-Becker,* Verwaltungsverfahren, S. 57 f, kritisieren ferner, daß der Entwurf die Rücknahme in das Ermessen der Behörde stellt und zwischen Verwaltungsakten, die eine Geld- und Sachleistung gewähren, und anderen Verwaltungsakten unterscheidet.

(42) Zwar ist § 1744 RVO a. F., vgl. Anmk. (9), durch § 220 Nr. 18b SGG BGBl. 1953 I, 1239 geändert worden; bei dieser Änderung ist jedoch nicht von dem Institut der Bestandskraft abgegangen worden: hieß es in der a. F. „rechtskräftiger Bescheid oder Endbescheid", so heißt es in der n. F. „bindender Verwaltungsakt".

Auch dadurch, daß der Gesetzgeber in § 25 des Gesetzes über die Altershilfe für Landwirte (BGBl. 1961 I, 845 ff) auf § 1744 RVO n. F. verwiesen hat, hat er zum Ausdruck gebracht, auf dem Gebiet der Sozialverwaltung grundsätzlich an der Bestandskraft fehlerhafter begünstigender Verwaltungsakte festhalten zu wollen.

(43) Die Vorschrift lautet: „Wird der gegen einen Verwaltungsakt gegebene Rechtsbehelf nicht oder erfolglos eingelegt, so ist der Verwaltungsakt für die Beteiligten in der Sache bindend, soweit durch Gesetz nichts anderes bestimmt ist."

(44) *Thieme*, Referat, S. H 22 f, und *Rohwer-Kahlmann*, Gesetzmäßigkeit, S. 70, weisen daher zutreffend darauf hin, daß § 77 SGG sinngemäß überhaupt nichts Neues bringen sollte.

(45) BSG 11, 226 (229 f); 14,10 (13 ff); 15,252 (256 ff); 18,84 (87)

(46) *Kohleiß*, zu *Thieme*, Referat, S. H 94, meint sogar sarkastisch, § 1744 RVO sei die magna charta des unredlichen Teilnehmers am Rechtsverkehr, was von *Thieme*, Referat, S. H 117, aber bestritten wird.

(47) Der Ruf nach dem Gesetzgeber war die allgemeine Tendenz in der sozialrechtlichen Arbeitsgemeinschaft des 45. DJT.

(48) Vgl. BSG 8,11 (14); 10,72 (73 f); 15,81
Ebenso *Haueisen*, Bestandskraft, S. 81 ff
Der 4. Senat hat in BSG 17,295 (298) zwar diesen allgemeinen Rechtsgrundsätzen den Charakter von Gewohnheitsrecht abgesprochen, aber eine Heranziehung derselben im Wege der notwendigen Lückenausfüllung für zulässig gehalten.

(49) *Bogs*, Bindung, S. 21; *v. Altrock*, Standort, S. 26; *Brackmann*, Aufgaben, S. 87 ff

(50) Vgl. dazu besonders die Entscheidung des 3. Senats in BSG 15,252 (257), in der nicht nur die Unvorhersehbarkeit der Fallrechtsprechung kritisiert wird, sondern auch ausgeführt wird, daß das öffentliche – im wesentliche ideelle – Interesse der Verwaltung an der Aufrechterhaltung der materiellen Rechtsordnung und das meist wirtschaftliche Interesse des Bürgers an dem Bestand des Va's keine vergleichbaren Interessenlagen seien, die ein Abwägen auf gleicher Ebene gestatten würden.
Zustimmend *Bettermann*, Bindung, S. 54 f
Anderer Ansicht ist *Haueisen*, Vertrauensschutz, S. 714, der die „gleiche Ebene", auf der die Abwägung erfolgen kann, in der Tatsache sieht, daß es zwei gegensätzliche Verfassungsprinzipien sind, die sich gegenüberstehen.

(51) *Langkeit*, zu *Thieme*, Referat, S. H 51 ff (56)

(52) *Thieme*, Referat, S. H 29

(53) *Wickenhagen*, zu *Thieme*, Referat, S. H 63; *Heller*, zu *Thieme*, Referat, S. H 69 ff

(54) *Thieme*, Referat, S. H 27 ff;
*Wickenhagen*, a. a. O., S. H 68

(55) *Bartholomeyczik*, Gesetzesauslegung, S. 79 ff;
*Engisch*, Einführung, S. 147

(56) *Engisch*, a. a. O.;
a. A. *Bartholomeyczik*, a. a. O., S. 99

(57) RGZ 137, 13; a. A. wohl *Bartholomeyczik*, a. a. O., S. 126

(58) *Bartholomeyczik*, a. a. O., S. 12 f

(59) *Bartholomeyczik*, a. a. O., S. 83 f

(60) *Ohr*, Zweckjurisprudenz, S. 1255

(61) *Engisch*, Einführung, S. 144, weist darauf hin, daß vielen die Analogie schon deswegen verdächtig erscheint, weil in konkreten Fällen Zweifel bestehen können, ob mit dem Analogieschluß oder mit einer anderen Art des juristischen Argumentierens, etwa mit dem Umkehrschluß zu arbeiten sei.

(62) *Engisch*, a. a. O., S. 143

(63) *Brecht*, Theorie, S. 72

(64) so z. T. wörtlich *Brecht*, a. a. O.

(65) „Der Richter" soll hier und im folgenden als Idealtypus des Juristen verstanden werden, der im Gegensatz zum Gesetzgeber mit der Rechts*anwendung* befaßt ist.

(66) *Bartholomeyczik*, Gesetzesauslegung, S. 79 ff
*Engisch*, Einführung, S. 142 ff

(67) Dem kritischen Leser wird die Heranziehung der gesamten in diesem Kapitel zitierten Literatur empfohlen; insbesondere sei auf
*Brecht*, Theorie, S. 29–138,
*Bartholomeyczik*, a. a. O., S. 7–17; 79 ff,
*Engisch*, a. a. O., S. 142 ff
und die dort zitierte Sekundärliteratur hingewiesen.

(68) vgl. unten S. 39

(69) § 41 Abs. 1 und § 47 Abs. 3 des Gesetzes über das Verwaltungsverfahren der Kriegsopferversorgung (VfG) vom 2. Mai 1955 (BGBl. I,202), geändert durch das Gesetz zur Änderung und Ergänzung des Kriegsopferrechts (Erstes Neuordnungsgesetz) vom 27. Juni 1960 (BGBl. I, 474 für § 41 Abs. 1 VfG und BGBl. I, 475 für § 47 Abs. 1 VfG)

(70) Nach dem Siebenten Gesetz zur Änderung des Gesetzes über die Arbeitsvermittlung und Arbeitslosenversicherung vom 10. März 1967 (BGBl. I, 266) gilt wieder § 185 Abs. 1 und 2 AVAVG a. F. des Gesetzes über die Arbeitsvermittlung und Arbeitslosenversicherung in der Fassung vom 3. April 1957 (BGBl. I, 321, 352 für § 185 AVAVG)

(71) § 9 Abs. 1 Nr. 2 und § 53 Abs. 2 des Rahmengesetzes zur Vereinheitlichung des Beamtenrechts (BRRG) in der Fassung vom 22. Oktober 1965 (BGBl. I, 1754, 1756 für § 9 und 1762 für § 53 BRRG)

(72) *Forsthoff*, Lehrbuch, 9. Aufl., S. 235 f

(73) BSG 8, 198 ff mit weiteren Nachweisen; BSG, Sozialrecht (Rechtsprechung und Schrifttum) C KOV Band 2, § 41 VfG, Bl. Ca 14/15 (Nr. 19) mit weiteren Nachweisen = Bundesversorgungsblatt 1963, 63 (Nr. 23)

(74) BSG 8, 198 (200 f); a. A. *Heuer*, Gesetzesauslegung, S. 26

(75) BT.-Drucks. Nr. 1239 vom 27. 8. 1959, S. 19 und S. 35

(76) *Heuer*, Gesetzesauslegung, S. 26

(77) BSG in Sozialrecht, a. a. O.; LSG Stuttgart, KOV 1957, Rechtspr. Nr. 534

(78) So auch der zuständige Parlamentsausschuß in BT.-Drucks. Nr. 1825, S. 13 und S. 37

(79) Das erkennt auch der Regierungsentwurf zum Neuordnungsgesetz (Gesetz vom 27. 6. 1960 zur Änderung und Ergänzung des Kriegsopferrechts) in BT.-Drucks. Nr. 1239 vom 27. 8. 1959, S. 19 und S. 35, an.

(80) Vgl. oben S. 2

(81) Diese Praxis ergibt sich zum Beispiel aus den Entscheidungen des BSG in Sozialrecht C KOV Band 2, § 41 VfG, Bl. Ca 3 f (Nr. 9); Bl. Ca 5 ff (Nr. 11); Bl. Ca 14 f (Nr. 18); vgl. dahingehend auch die Allgemeinen Verwaltungsvorschriften vom 5. August 1961 (Bundesanzeiger Nr. 152 vom 10. August 1961), geändert am 23. Januar 1965 (Bundesanzeiger Nr. 19 vom 29. Januar 1965), Nr. 10 zu § 41 VfG

(82) Vgl. unten S. 29

(83) Vgl. *Krebs*, AVAVG, Rdnr. 17 zu § 185 AVAVG; *Schieckel*, AVAVG, S. 163; zustimmend *Buchwitz* in Arbeit, Beruf und Arbeitslosenhilfe 1957, 286 f; ähnlich SG Köln in Das Arbeitsamt 1955, 258; vgl. auch BSG 3, 106 (109) zu § 177 Abs. 1 AVAVG

(84) Vgl. für viele *Merk*, Verwaltungsrecht I, S. 822 f

(85) a) Daß die Behörde bewußt einen Unwürdigen zum Beamten ernennt, stellt die Ausnahme dar. Auf diesen Fall wird später noch einzugehen sein.
b) Vgl. *Plog-Wiedow*, BBG, Anmk. 13 zu § 12 BBG

(86) Ganz abgesehen davon, daß der Beamte auch einen Anspruch auf Entlohnung seiner Arbeitsleistung haben wird

(87) § 213 der Reichsversicherungsordnung vom 19. Juli 1911 (RGBl. 509, 550)

(88) Vgl. für viele: *Nastelski* in BGB-RGRK vor § 249 BGB Anmk. 3; *Danckelmann* in *Palandt* vor § 249 BGB Anmk. 1

(89) Diese Deutung führt zu keinem für die Versicherungskasse unbilligen Ergebnis! Die VK muß zwar als Folge der ex-tunc-Änderung ihres Verhaltens die empfangenen Versicherungsbeiträge wieder hergeben. Im Wege der Vorteilsausgleichung (*Danckelmann* in *Palandt* vor § 249 BGB Anmk. 7) fließen ihr diese jedoch wieder zu, weil sich der von der VK zu leistende Vertrauensschaden um die wieder herausgegebenen Beiträge mindert.

(90) *Mayer*, Verwaltungsrecht I, S. 117 f

(91) *Jellinek*, Verwaltungsrecht, S. 151 ff (153)

(92) *Forsthoff*, Lehrbuch, 9. Aufl., S. 161 f

(93) Vgl. *Bachof*, Rechtsprechung II, S. 304 ff

(94) *Lenz*, Diskussionsbeitrag zu *Thieme*, Referat, S. H 103

(95) Wenn auch die analoge Anwendung öffentlich-rechtlicher Regeln auf Sachverhalte des Privatrechts nur selten praktisch werden wird, weil das private Recht in weit stärkerem Maße als das öffentliche Recht durchgebildet ist.

(96) *Siegel*, Versprechen, weist nach, daß nicht nur ein Vertrag, sondern auch ein Versprechen einen obligatorischen Verpflichtungsgrund darstellen kann (vgl. insbesondere S. 45–52)

(97) Vgl. für viele *Gramm* in *Palandt*, Anmk. 1 und 6 B zu § 818 BGB; *Mühl* in *Soergel-Siebert*, Anmk. 2 zu § 818 BGB; BGH - LM Nr. 7 zu § 818 Abs. 3 BGB; BGHZ 1, 75 (81) (ständige Rechtsprechung)

(98) So ausdrücklich z. B. RGZ 54, 141; vgl. aber auch die in Anmk. (97) zitierten Stimmen

(99) Im Grunde meinen *Larenz* II, S. 394, und *Seufert* in *Staudinger*, Rdnr. 35 zu § 818 BGB, dasselbe, wenn sie darauf hinweisen, daß dem § 818 Abs. 3 BGB der Gedanke zugrundeliege, es solle derjenige Bereicherungsschuldner geschützt werden, der auf die Beständigkeit seines Erwerbs vertrauen könne; *es seien aus diesem Grunde alle Nachteile abzugsfähig, die im Zusammenhang damit eintreten, daß der Schuldner auf die Beständigkeit seines Erwerbes vertraut habe.*

Die Verbindung zwischen den §§ 812 ff BGB einerseits und den §§ 119, 122, 179 BGB andererseits scheint im Ansatzpunkt nur *Seufert* in *Staudinger*, Rdnr. 2c zu § 814 BGB und Rdnr. 3b zu § 819 BGB, zu sehen.

(100) Vgl. Anmk. (85)

(101) Als eine Spielart der außergerichtlichen Selbstbefriedigung wird die (einseitige) Aufrechnung betrachtet z. B. von *Danckelmann* in *Palandt*, Anmk. 1 zu § 387 und RGZ 80, 394

(102) *Larenz*, Methodenlehre, S. 283, aber auch *Zitelmann*, Lücken, S. 27 ff

(103) RGZ 162, 247

(104) *Bartholomeyczik*, Gesetzesauslegung, S. 93

(105) *Bartholomeyczik*, a. a. O., S. 94

(106) Vgl. oben S. 22

(107) Vgl. unten S. 31

(108) Darauf, daß ein allgemeiner Billigkeitssatz dieses Inhalts besteht, weist auch Scheffler hin, wenn er auch meint, dieser Satz habe bei der ungerechtfertigten Bereicherung keinen Ausdruck gefunden (*Scheffler* in BGB-RGRK vor § 812 BGB Anmk. 5). Zu diesem unzutreffenden Ergebnis muß Scheffler deshalb kommen, weil er zu Unrecht glaubt, bei der ungerechtfertigten Bereicherung stehe nicht die Ausgleichung eines Schadens in Frage.

(109) Daß die Rechtsordnung davon ausgeht, daß grundsätzlich jedes Rechtssubjekt die Bedeutung und die Folge einer rechtserheblichen Handlung erkennen kann und soll, ergibt sich schon daraus, daß der Gesetzgeber für die Ausnahmefälle (Geschäftsunfähigkeit wegen Jugend, Krankheit etc.) ganz besondere (Schutz-)Normen aufgestellt hat. *Flume*, BGB-AT Bd. II, S. 182, weist so auch zu Recht darauf hin, daß es sich schon aus dem Wesen des Rechtsgeschäfts ergibt, daß der Handelnde geschäftsfähig sein muß.

(110) Vgl. Anm. (99)

(111) Nach h. M. kann sich der Bereichernde dem Einwand des Bereicherten aus § 814 BGB gegenüber nicht auf § 819 BGB berufen. Der bewußt ungerechtfertigt Bereichernde muß sich also auch dann festhalten lassen, wenn der Bereicherte das Fehlen des Rechtsgrundes kannte;
vgl. *Scheffler* in BGB-RGRK, Anmk. 7 zu § 819 BGB; *Seufert* in *Staudinger*, Rdnr. 4 zu § 819 BGB.

(112) Dasselbe ergibt sich auch aus §§ 116 Satz 2 und 117 Abs. 1 BGB für die dort geregelten Fälle.
Die Anwendung von § 117 Satz 2 BGB hat zur Folge, daß bei gegenseitigen Verträgen der Vorleistende auf eigenes Risiko handelt; dadurch kann es natürlich leicht zu unbilligen Ergebnissen kommen.

(113) Vgl. *Esser*, Schuldrecht, § 194 1c; *Gramm* in *Palandt*, Anmk. 1 zu § 817 BGB;

*Rietschel*, Anmk. zum Urteil des BGH vom 31. 1. 1963 – VII ZR 284/61 – in LM Nr. 18/19 zu § 817 BGB

(114) Vgl. BGH, NJW 1966, 730; *Lechner* in *Staudinger*, Rdnr. 11 zu § 817 BGB

(115) *Larenz* II, S. 388 f

(116) *Larenz*, a. a. O. (388)

(117) Vgl. für viele *Danckelmann* in *Palandt*, Anmk. 5 zu § 254 BGB; *Nastelski* in BGB-RGRK, Anmk. 20 und 23 zu § 254 BGB

(118) So aber *Danckelmann* in *Palandt*, § 254 a. a. O. a. E.

(119) *Werner* in *Staudinger*, Rdnr. 4 und 71 zu § 254 BGB

(120) So räumt ja auch der Gesetzgeber in § 179 Abs. 1 BGB ein Wahlrecht ein, nachdem es dem Berechtigten freisteht, den Verpflichteten an seinem Verhalten festzuhalten oder Schadensersatz zu verlangen; beide Rechtsfolgen betrachtet der Gesetzgeber also offensichtlich als gleichwertig.

(121) *Werner* in *Staudinger*, Rdnr. 20 zu § 254 BGB

(122) Nichts anderes ist in RGZ 162, 244 (247) gemeint, wenn dort von einem „ungeschriebenen Rechtssatz" gesprochen wird.

(123) Eine dreijährige Ausschlußfrist wird vorgeschlagen von *Becker-Luhmann*, Verwaltungsfehler, S. 120, unter Ziff. I (3) der Richtlinien.

(124) *Stich*, Vertrauensschutz, S. 47; *ders.*, Verwaltungsstreitverfahren, S. 327; *ders.*, Verwirkung, S. 235;
vgl. zur Subsidiarität der Verwirkung auch *Esser*, Schuldrecht, § 35, sowie *Siebert*, Verwirkung, S. 249 (dort auch zur Subsidiarität für das Verhältnis von Treu und Glauben und § 157 BGB)

(125) *Bartholomeyczik*, Gesetzesauslegung, S. 83; *Larenz*, Methodenlehre, S. 175 und S. 300

(126) Dieser Gedanke soll hier allerdings nicht vertieft werden

(127) Vgl. Anmk. (125)

(128) *Stich*, Verwirkung, S. 234 ff; *Böhmer*, Verwirkung, S. 173 f mit weiteren Nachweisen

(129) RG 134, 358; BGH 16, 359; BGH 25, 52; RAG 10, 354, 362; BAG in AP Nr. 3 zu § 242 BGB; *Enneccerus-Nipperdey*, § 228 IV 3; *Weber* in *Staudinger*, Anmk. D 619 und D 617 zu § 242 BGB, dort mit weiteren Nachweisen

(130) *Weber* in *Staudinger*, Rdnr. D 619 zu § 242 BGB; *Hefermehl* in *Erman* vor § 194 BGB Anmk. 5b

(131) Vom Leser wird erwartet, daß er die in Lehre und Rechtsprechung entwickelten Grundsätze zur Verwirkung kennt. Zur Vertiefung wird empfohlen, den Kommentar von *Staudinger* in der Bearbeitung von *Weber*, Rdnr. D 561 ff zu § 242 BGB, heranzuziehen.

(132) *Stich*, Verwirkung, S. 234; *ders.*, Vertrauensschutz, S. 60; in diesem Sinne auch *Lehmann*, Verwirkung, S. 2197

(133) *Eichler*, Vertrauen, S. 30

(134) *Esser*, Schuldrecht, 1b und 8 zu § 35

(135) *Larenz*, A. T., IVb zu § 19

(136) *Stich*, Verwirkung, S. 237; *ders.*, Vertrauensschutz, S. 58

(137) *Brecht*, Theorie, S. 108, nennt dies „Deduktion als Kontrolle"

(138) *Böhmer*, Verwirkung, S. 129
(139) *Siebert*, Verwirkung, S. 255
(140) *Maunz-Dürig*, GG, Rdnr. 21 zu Art. 103 GG
(141) *Weber* in *Staudinger*, Rdnr. D 621 zu § 242 BGB mit Hinweis auch auf *Stich*
(142) Vgl. statt vieler *Weber* in *Staudinger*, Rdnr. D 603 und D 617 zu § 242 BGB mit weiteren Nachweisen; *Enneccerus-Nipperdey*, § 228 IV 2 Anmk. 30
(143) Vgl. wegen weiterer Umstände *Weber* in *Staudinger*, Rdnr. D 608 ff zu § 242 BGB, aber nur insoweit als solche genannt werden, die nichts mit den subjektiven Vorstellungen der Beteiligten zu tun haben.
(144) Vgl. Anmk. (142)
(145) *Stich*, Vertrauensschutz, S. 58; *ders.*, Verwaltungsstreitverfahren, S. 327; *ders.*, Verwirkung, S. 237
(146) *Stich*, Verwirkung, S. 237
(147) *Stich*, a. a. O.
(148) *Weber* in *Staudinger*, Rdnr. D 617 ff zu § 242 BGB
(149) Vgl. *Weber* in *Staudinger*, Rdnr. D 581 zu § 242 BGB
(150) Vgl. *Weber* in *Staudinger*, Rdnr. A 1–A 10; D 579–635 zu § 242 BGB
(151) Auf dem Gebiet des *Polizeirechts* vgl. z. B.:
1. Berlin: § 42 Abs. 1a PVG von 1958
2. Bremen: § 37b Polizeigesetz von 1960
3. Hessen: § 10 Abs. II Nr. 1 HSOG von 1964
4. Nordrhein-Westfalen: § 24 Abs. 1b OBG von 1956
5. Rheinland-Pfalz: § 50 Abs. 1a PVG von 1954
6. Niedersachsen: § 31 Abs. 1a SOG von 1951,

auf dem Gebiet des *Baurechts:*

7. Bayern: § 96 Abs. 1 Nr. 1 BauO von 1962
8. Baden-Württemberg: § 99 Abs. 1 Nr. 1 L BauO von 1964
9. Rheinland-Pfalz: § 87 LBauO von 1961

(152) Vgl. z. B. die §§ 53 Abs. 2 Nr. 1 GewO; 12 Abs. 2 Satz 1 WHG; 12 Abs. 1 GastG; 35 Abs. 2 Nr. 1 KreditG; § 25 Abs. 2 Nr. 1 PBefG
(153) So ist *Fröhler* in *Landmann-Rohmer, GewO*, Anmk. 18 zu § 53 GewO, der Ansicht, die Regelung in dieser Vorschrift sei abschließend, eine Rücknahme anfänglich fehlerhafter Verwaltungsakte sei daher grundsätzlich nicht möglich.
Die entsprechende Ansicht vertreten für den Fall des § 25 Abs. 2 Nr. 1 PBefG *Greif*, PBefG, Anmk. 8 zu § 25 und *Bidinger*, PBefG, Anmk. 3 zu § 25. Anderer Ansicht sind hier *Sigl*, PBefG, Anmk. 8 zu § 25 und BVerwG, DÖV 1957, 588 (Die Entscheidung bezieht sich allerdings noch auf den § 13 des alten PBefG von 1934).
(154) § 37 Abs. 3 EVwVerfG 1963, S. 26 ff, könnte hierfür ein Indiz sein
(155) Auch mit der Rechtskraftwirkung zivilrechtlicher Urteile soll nicht Vertrauensschutz, sondern Rechtsfrieden gewährt werden. Vgl. hierzu *Jonas*, ZPO, Anmk. II 4 zu § 322 ZPO
(156) *Thieme*, Referat, S. H 27 ff; vgl. auch S. H 39; *Wickenhagen*, a. a. O., S. H 68
(157) BVerwG 9, 251 ff = NJW 1960, 692

(158) Allerdings durfte man dies fairerweise nicht erwarten. Abgesehen von der im Ansatz richtigen Dissertation von *Stich* waren wissenschaftliche Vorarbeiten kaum vorhanden. Es fehlten dem Bundesverwaltungsgericht aber auch – und hier ist man geneigt, abgewandelt *Lorenz* zu zitieren – wissenschaftliche Hilfsarbeiter, die wohlvertraut mit den Denk- und Arbeitsmethoden des induktiven Vorgehens im allgemeinen und der „ganzheitsgerechten Analyse auf breiter Front" im besonderen jene Herkulesarbeit nachholten, die andere ungetan gelassen hatten. Es fehlten Hilfsarbeiter, die bereit gewesen wären, sich jener bescheidensten und doch wichtigsten, jener kindlichsten und doch wissenschaftlichsten Arbeit zu unterziehen, die darin besteht, voraussetzungslos *wahrzunehmen*, was im Gesetz steht. *Lorenz*, Verhalten, S. 130; vgl. aber auch Anmk. (183).

(159) Wenn man überhaupt so weit gehen will, in dem Pensionsbescheid einen von Anfang an fehlerhaften begünstigenden Verwaltungsakt zu sehen. *Witten*, Gewalten, S. 20 unten, hat hier nicht ganz zu Unrecht Zweifel. Vielleicht wäre es richtiger, hier von einem Verhalten der Behörde zu sprechen, das später erst auf Grund geläuterter Rechtsauffassung fehlerhaft geworden ist. Vgl. hierzu unten S. 43

(160) Das scheint *Witten*, Gewalten, S. 18 ff völlig zu übersehen. Er benutzt das im Ergebnis richtige Witwenpensionsurteil, also *eine* Entscheidung, um letzten Endes die *gesamte* Rechtsprechung des Bundesverwaltungsgerichts zur Rücknahmeproblematik als richtig erscheinen zu lassen. Damit macht er sich aber einer unzulässigen Induktion schuldig!

(161) BVerwG Urt. v. 24. 4. 1959 – VI C 91/57 – in: DÖV 1959, 581 = JZ 1959, 641

(162) Gemeinsames Ministerialblatt 1961, 223 f

(163) Teilweise wird in diesen Fällen schon das Tatbestandsmerkmal der Rechtswidrigkeit für nicht gegeben erachtet, vgl. etwa BVerwG 6, 1 (5) und OVG Berlin NJW 1957, 1775 (1776); teilweise wird zwar die Rechtswidrigkeit angenommen, jedoch nach allgemeinen Grundsätzen des Verwaltungsrechts das Rücknahmerecht eingeschränkt; vgl. hierzu BVerwG 12, 9 (11); 13, 28 ff; OVG Lüneburg DVBl 1956, 24; OVG Hamburg DVBl 1959, 147 (148).
Die Entscheidungen des BVerwG 12, 9 (11) und 13, 28 ff haben ebenso wie DSG 10, 72 eindeutig gegen die Möglichkeit einer Einengung der Rechtswidrigkeit Stellung genommen; ebenso auch *Bachof*, Rechtsprechung, Bd. I, S. 260, der aber anerkennt, daß das Vertrauen des Begünstigten in derartigen Fällen schutzwürdig sei.

(164) Vgl. Literaturnachweis

(165) Vgl. *Bartholomeyczik*, Gesetzesauslegung, S. 81; *Ohr*, Zweckjurisprudenz, S. 1255

(166) *EVwVG 1963*, Einzelbegründung S. 170

(167) *Haueisen*, Kodifikationsproblem S. 15

(168) Das Landesverwaltungsgesetz, Gesetz und Verordnungsblatt Schleswig-Holstein 1967, 131 (155) hat dem auch bereits entsprochen.

(169) *von der Groeben-Knack*, LwG, Rdnr. 8.21 zu § 116 Landesverwaltungsgesetz

(170) BVerwG, DÖV 1959, 581 = JZ 1959, 641

(171) Wenn *Witten*, Gewalten, S. 20 ff, dies unter Hinweis auch auf Gützkow bestreitet, dann übersieht er zunächst im Grundsatz folgendes. Man kann

die Unbrauchbarkeit einer Kodifikation nicht an Hand extrem gelagerter Ausnahmefälle nachweisen. Denn jede Kodifikation muß zunächst den Regelfall im Auge haben. In dem Fall, der im praktischen Leben am häufigsten vorkommt, stehen aber stets wirtschaftliche Interessen des Staatsbürgers auf dem Spiele. Des weiteren übersieht Witten, daß auch ein Inkrafttreten der hier vorgeschlagenen Fassung den Rückgriff auf Generalklauseln in den Fällen offenließe, in denen diese Fassung zu einem unerträglichen Ergebnis führen würde (also vielleicht in Staatsangehörigkeits- oder Namenssachen?).
Vgl. S. 33 oben

(172) BVerwG 9, 251 ff = NJW 1960, 692

(173) *Forsthoff*, Lehrbuch, 7. Auflage, S. 222

(174) *Bachof*, Rechtsprechung, Bd. I, S. 263 f

(175) *Baur*, Verbindungslinie, S. 46

(176) *Becker-Luhmann*, Verwaltungsfehler, S. 121 ff

(177) *Bartholomeyczik*, Gesetzesauslegung, S. 126

(178) RGZ 137, 13

(179) Am Ende soll noch erwähnt werden, daß das Vertrauensschutz-Prinzip einen weiteren Aspekt eröffnet, dem nachzugehen nicht ohne Reiz wäre. Spätestens seit *Titzes* im Jahre 1940 veröffentlichter Abhandlung „Vom sogenannten Motivirrtum" – vgl. *Titze*, Motivirrtum, S. 72 ff – wissen wir, daß die Frage des Irrtums im Rechtsverkehr nicht nur bei uns auf dem Kontinent, sondern ebenso im östlichen wie im angelsächsischen Rechtskreis voll ungelöster Problematik steckt.
So hätte es der ursprünglichen Konzeption der hier vorliegenden Arbeit entsprochen, an dieser Stelle auch auf die Frage einzugehen, ob das Vertrauensschutz-Prinzip, insbesondere die Rechtsfigur des „objektiv unverständigen Menschen" zur Lösung dieser Problematik etwas beizutragen vermag.
Dies müssen wir uns aber versagen. Andernfalls wäre zu befürchten, daß eines ihrer Ziele nicht erreicht wird, nämlich noch vor dem Inkrafttreten eines Verwaltungsverfahrensgesetzes einen Beitrag zur Klärung der Problematik der Rücknahme fehlerhafter begünstigender Verwaltungsakte zu leisten.
So muß die Untersuchung des Verhältnisses zwischen Irrtumsproblematik und Vertrauensschutz-Prinzip einer späteren Arbeit vorbehalten bleiben.

(180) *Hedemann*, Flucht, S. 76; vgl. auch *Weber* in *Staudinger*, Rdnr. A 1–A 10 zu § 242 BGB

(181) Welcher Fehlleistungen hier aber selbst ein in Jahrzehnten geschultes Judiz fähig ist, zeigt die schon mehrfach erwähnte Entscheidung BVerwG, DÖV 1959, 581 = JZ 1959, 641.
Vgl. aber auch *Weber* in *Staudinger*, Rdnr. D 581 zu § 242 BGB. Obwohl man sich sagen sollte, daß auf eine Vertrauensgrundlage, an deren Bildung sogar der Wille beteiligt war, größerer Verlaß sein muß, wird dort behauptet, daß ein Gläubiger zwar seinen stillschweigenden Verzicht nach § 119 BGB anfechten dürfe, nicht aber sein nur einen Rechtsschein erzeugendes Schweigen!

(182) *Lerche*, Stil, S. 699

(183) Ob dieser Beitrag allerdings auf fruchtbaren Boden fallen wird, dürfte davon abhängen, wie viele Leser bereit und fähig sein werden, die Intuition

an der Gesamtleistung ihres Erkennens angemessen zu beteiligen.
Jede Analogie setzt, wie wir wissen, zunächst das Auffinden einer analog anzuwendenden Norm voraus. Es wird dadurch erschwert, daß diese sich oft gerade an einer Stelle im Gesamtsystem der Rechtsordnung befindet, an der man sie am wenigsten vermutet. Das Aufspüren dieser Norm hat deshalb die Fähigkeit zur Voraussetzung, im Komplexen das Verbindende zu sehen oder anders ausgedrückt, es setzt die Fähigkeit zur „Wahrnehmung komplexer Gestalten" voraus. Diese Erkenntnisleistung vollbringt aber nicht die analysierende Ratio, sondern die Intuition. Zwar ist die Ratio zur wissenschaftlichen Verifizierung komplexer Gestalten unentbehrlich. Zu ihrer *Wahrnehmung* scheint sie allein ganz und gar unfähig zu sein. Vgl. hierzu *Lorenz*, Verhalten, S. 255–300; aber auch *Brecht*, Theorie, S. 33 ff

Kolibri 360 GmbH
Ferdinand-Jühlke-Straße 7
99095 Erfurt, Deutschland
produktsicherheit@kolibri360.de

# WETTER-BERATHER.

ANLEITUNG

ZUM

Verständniss und zur Vorherbestimmung

DER

# WITTERUNG

VON

MAX MÖLLER,

Regierungs-Baumeister.

Mit 2 Tafeln.

Gern horchet der staunende Mensch auf
Die Dinge, so wunderbar klingen;
Doch nur des Natürlichen Weltlauf
Erforschen heisst: «Nutzen erringen».



HAMBURG.

L. FRIEDERICHSEN & Co.

geographische und nautische Verlags- und Sortiments-Buchhandlung.

1880.

# Inhalts-Verzeichniss.